이 땅에 깃든 내림문화 지킴문화를 찾아서

솜씨마을 솜씨기행

이 땅에 깃든 내림문화 지킴문화를 찾아서

솜씨마을 솜씨기행

글 이용한 — 사진 안홍범

실천문학사

머리말

우리 땅 우리 마을 속으로

　우리가 발 딛고 사는 이 세상은 거대한 도서관과 같아서 낯설고 비밀스런 책들로 가득 차 있다. 그리하여 여행이란 우리가 읽지 못한 그 새로운 책들과 만나는 일이다. 그것을 읽느냐 마느냐는 순전히 여행자의 몫이다. 여행은 삶을 복되게 한다. 여행은 방전된 마음을 충전시킨다. 저 충만한 자연에 코드를 꽂고 천천히 기다려보라. 고갈되었던 마음의 배터리가 조금씩 충전되는 것을 느낄 수 있을 것이다. 우리는 스스로를 너무 혹사시켰으니, 스스로에게 휴식을 줄 필요가 있다.
　흔히 우리는 놀러가서 먹고 마시고 망가지는 형태의 쾌락적인 '여행'을 목격하곤 한다. 그것은 엄밀히 말해 여행이 아니며, 놀기 위한 관광에 지나지 않는다. 그렇다면 여행과 관광은 다른 것인가. 굳이 구분하자면 여행과 관광은 다르다. 여행이 풍경과 풍물, 역사와 문화, 사람과 마을의 속내를 들여다보고 가슴으로 그것을 음미하고 담아오는 것이라면, 관광은 그것의 겉치레를 구경하며 즐기는 것이다. 여행이 정신적인 충전을 위한 것이라면, 관광은 감각적인 충전을 위한 것이다. 그리고 여행에서 눈으로 보고 가슴으로 느낀 점을 기록으로 남긴다면, 그것은 다시 기행이 될 것이다.

이른바 관광지라고 하는 곳에 우리처럼 많은 유흥업소가 들어서 있는 나라가 있을까. 여름 휴가철, 그것도 한 2~3주 사이에 우리처럼 한꺼번에 왕창 피서를 떠나는 나라가 있을까. 관광과 휴가를 떠나서 마음의 '쉼'보다는 되레 '피곤'을 얻어오는 게 당연한 것일까. 아마도 이런 점이 관광과 휴가의 좋은 의미를 나쁜 이미지로 퇴색시키는 요소일 것이다. 여행은 바로 그런 점을 경계한다. 언제든지 떠날 수 있고, 얼마든지 느낄 수 있으며, 무엇에도 얽매이지 않는 것. 그것이 여행의 참뜻이고, 본말이다.

그런 면에서 이 책은 널리 알려진 관광지를 소개하는 일반적인 관광안내서와는 모양새가 다를 수밖에 없다. 한마디로 이 책은 넓고도 웅숭깊은 우리 땅 구석구석에 깃든, 다양하고 뿌리 깊은 솜씨마을을 다루고 있다. '솜씨'의 사전적 의미는 '손으로 무엇을 만드는 재주' 또는 '어떤 일을 해내는 수단'을 뜻한다. 단지 도구와 음식을 만들어내는 재주만이 솜씨가 아니라 어떤 일을 해내고 오랫동안 그 일에 종사해온 것 또한 솜씨인 것이다. 그러므로 솜씨는 우리네 전통 생활문화에 그 맥이 닿아 있고, 우리 것으로 대표되는 토종문화와 깊은 관계를 맺고 있다.

이 책은 바로 그런 풍경과 문화, 전통과 풍물을 간직한 36개 마을을 22개 테마로 엮어 계절에 따라 4부로 나누어 실었다. 고창 바지락마을, 산동 산수유마을, 지리산 고로쇠마을, 섬진강 재첩마을, 안동포마을, 제주 갈옷마을, 담양 죽물마을, 경주 비단마을, 한산 모시마을, 태안 해옥마을, 비금도 천일염마을, 양양 민속 떡마을, 봉화 한과마을, 영동 손곶감마을, 괴산 전통 한지마을, 양양 송이마을, 광천 토굴 새우젓마을, 산청 복조리

마을, 무주 인동초 바구니마을, 하동 짚신마을, 횡성 참숯마을, 진부령 황태마을 등이 바로 그것이다.

  여기에는 손 솜씨를 부려 전통물품을 만들어내는 마을도 있고, 맛내림으로 내려온 옛 먹을거리를 만들어내는 마을도 있으며, 옛날 방식으로 옷을 짓거나 옷감을 짜는 마을을 비롯해 산이나 바다 등에서 무언가를 채취하는 마을도 있다. 이들 마을은 공통적으로 우리네 전통적인 의식주와 관련된 생활문화가 낳은 마을들이다. 그러나 시대가 바뀌고 생활방식이 달라지면서, 이들 마을의 내림문화, 지킴문화는 점차 사라질 위기에 처해 있는 곳이 상당수에 이른다. 모쪼록 이 책이 그것들을 지켜내고, 지켜가는 데 약간의 보탬이라도 될 수 있기를, 아울러 좀더 많은 사람들이 이 땅에 깃든 솜씨문화와 생활문화에 좀더 가까이 다가갈 수 있기를 바란다. 마지막으로 길에서 우리가 만난 사람들, 마을에서 만난 사람들, 만나고도 고마움을 전하지 못한 모든 사람들에게 고마움을 전한다.

이천사년 봄
이용한

차 례

■ 제1부 봄 마을

고창 바지락마을 전북 고창군 심원면 하전리
  30리 갯벌 따라 펼쳐진 뻘밭을 텃밭 삼아 살아간다 · 13
  [다른 구경] 해넘이마을 동호리와 고창읍성 · 25

산동 산수유마을 전남 구례군 산동면 위안리
  봄에는 노란 꽃동네, 가을이면 붉은 열매마을 · 27
  [다른 구경] 대가람 화엄사와 구례 5일장 · 37
  [다른 마을] 광양에는 매화마을, 청양에는 구기자마을 · 41

지리산 고로쇠마을 경남 하동군 화개면 범왕리 목통마을, 전남 구례군 토지면 문수리
  하늘이 내린 '신비의 약수'를 만난다 · 47
  [다른 구경] 지리산 명당 운조루와 장수마을 사도리 · 56

섬진강 재첩마을 경남 하동군 하동읍 목도리 하저구
  봄마다 섬진강 하구에 열리는 재첩밭 · 59
  [다른 구경] 화개 십 리 벚꽃길과 쌍계사 · 69
  [다른 마을] 우리나라 차의 시배지, 화개 차마을 · 72

안동포마을 경북 안동시 임하면 금소리
  천 년 안동포의 맥을 이어가는 마을 · 75
  [다른 구경] 도산서원과 이천동 석불상 · 84
  [다른 마을] 삼척에는 강포마을이 있다 · 85

제2부 여름 마을

제주 갈옷마을 제주도 남제주군 표선면 성읍리

    띠집과 감귤밭에 일렁이는 갈옷 물결 · 89

    [다른 구경] 자연의 멋과 문화가 어울린 아름다운 섬 풍경 · 100

    [다른 마을] 특색 있는 제주 마을들 : 해녀마을, 목장마을, 숲마을, 선인장마을 · 104

담양 죽물마을 전남 담양군 담양읍 향교리, 객사리

    태깔 좋고 솜씨 좋은 죽물문화의 고향 · 107

    [다른 구경] 자연과 삶이 어우러진 담양의 정원문화 · 118

경주 비단마을 경북 경주시 양북면 두산리

    최고의 옷감, 비단 짜는 마을 · 121

    [다른 구경] 마애불의 보고 경주 남산과 아름다운 감은사탑 · 129

한산 모시마을 충남 서천군 한산면 동산리

    솜씨 좋은 세모시의 명맥을 이어간다 · 131

    [다른 구경] 춘장대 해수욕장과 서천의 청정구역 10선 · 141

태안 해옥마을 충남 태안군 소원면 파도리

    바닷가 조약돌이 보석이 되는 곳 · 143

    [다른 구경] 안면도와 꽃지 해수욕장 · 150

비금도 천일염마을 전남 신안군 비금면 구림리, 덕산리

    우리 땅 최초의 염전, 가도가도 소금밭 · 153

    [다른 구경] 비금도의 해수욕장과 이웃 섬 도초도 · 163

    [다른 마을] 부안군 곰소염전과 석모도 매음리 염전 · 165

제3부 가을 마을

양양 민속 떡마을 강원 양양군 서면 송천리
떡메 치는 떡장수 부부가 여기 산다 · 169

[다른 구경] 원시 청정계곡 법수치와 빈지골 굴피집 · 181

봉화 한과마을 경북 봉화군 봉화읍 유곡리 닭실마을
4백50년 맛내림 전통 한과를 만드는 곳 · 183

[다른 구경] 북지리 마애여래좌상과 설매리 까치구멍집 · 192

[다른 마을] 전남 순천에는 엿마을이 있다 · 194

영동 손곶감마을 충북 영동군 상촌면 물한리
치렁치렁 곶감 타래 내걸린 가을 풍경 · 197

[다른 구경] 영화 〈집으로〉의 배경이 되었던 도마령과 궁촌리 · 207

괴산 전통 한지마을 충북 괴산군 연풍면 원풍리 신풍마을
전통 방법으로 옛 한지의 아름다움을 재현한다 · 209

[다른 구경] 옛 영남대로의 으뜸 고갯길, 문경새재 · 219

양양 송이마을 강원 양양군 현북면 명지리
송이로 유명한 양양의 으뜸 송이마을 · 221

[다른 구경] 해 오르는 절 낙산사와 동해 미항 남애항 · 232

광천 토굴 새우젓마을 충남 홍성군 광천읍 옹암리 독배마을
40여 개 토굴에서 익어가는 살큰짭짤 새우젓 · 235

[다른 구경] 성곡리 한용운 생가와 철새 낙원 서산 천수만 · 243

제4부 겨울 마을

산청 복조리마을 경남 산청군 시천면 중산리 신촌, 덕치마을

조리 만들어 복을 파는 산죽 우거진 마을 · 247

[다른 구경] 옛빛 그득 담은 남사리 고가촌 · 255

무주 인동초 바구니마을 전북 무주군 설천면 심곡리 배방마을

옛 손솜씨로 태어나는 태깔 좋은 인동초 바구니 · 257

[다른 구경] 백제 국경검문소 나제통문과 점말 샛집 · 265

하동 짚신마을 경남 하동군 적량면 고절리, 하동읍 신기리

짚신 삼으며 사라져가는 옛 짚풀문화를 지켜간다 · 267

[다른 구경] 지리산 청학동과 백련리 도요지 · 277

횡성 참숯마을 강원 횡성군 갑천면 포동리 고래골

나라에서 가장 큰 재래식 숯가마촌 · 279

[다른 구경] 안흥 찐빵마을과 성우 리조트 · 289

진부령 황태마을 강원 인제군 북면 용대리

덕마다 황태 걸고 하늘과 동업하는 마을 · 291

[다른 구경] 빙어축제 열리는 소양호와 눈 덮인 백담사 · 299

[다른 마을] 바닷가에서 만나는 오징어 덕장, 과메기 덕장마을 · 301

제 1부 봄 마을

■ **고창 바지락마을**
　전북 고창군 심원면 하전리

산동 산수유마을
　전남 구례군 산동면 위안리

지리산 고로쇠마을
　경남 하동군 화개면 범왕리 목통마을, 전남 구례군 토지면 문수리

섬진강 재첩마을
　경남 하동군 하동읍 목도리 하저구

안동포마을
　경북 안동시 임하면 금소리

30리 갯벌 따라 펼쳐진 뻘밭을 텃밭 삼아 살아간다

고창 바지락마을 | 전북 고창군 심원면 하전리

끝없이 이어진 갯벌. 갯벌을 따라 이어진 30리 경운기 갯길.
이곳은 우리나라에서 가장 커다란 바지락 생산지이기도 하다.

바람은 차고 비릿하다. 숨을 쉴 때마다 갯것들의 사는 냄새가 난다. 소금에 절인 듯 짭짜름한 새벽 공기. 이제 막 포구를 떠난 어선들은 분간할 수 없는 해무를 헤치며 통통통 바닷길을 연다. 어선을 따라나선 갈매기들의 끄억거리는 소리도 앞바다에 자욱하다. 무릇 삶의 소리란 이토록 시끄럽다. 서서히 안개가 걷히고 해가 뜨면서 갯벌은 한껏 바닥을 드러내고 가쁜 숨을 몰아쉬기 시작한다. 바다를 싱싱하게 하는 갯것들의 무수한 숨구멍들. 갯벌이란 살아 있는 작은 것들의 축복 받은 생명밭이다. 기고, 튀어나오고, 숨고, 먹고 먹히는, 삶의 전쟁과 삶의 휴식을 동시에 치러내는 날것들의 터전.

사람들에게는 이곳이 또 다른 생계의 텃밭이 되는 셈이니, 갯벌이란 것의 값어치는 단순히 그것을 간척해 땅으로 만드는 것과는 비교할 수 없는 '부가가치'를 지니고 있다. 하물며 끝이 보이지 않을 정도로 펼쳐진 고창의 갯벌은 그 가치를 논하는 것조차 가치 없는 일일 것이다. 고창군 심원면 하전리. 마을을 알리는 이정표에는 '국내 최대 바지락 생산지'라 씌어져 있다. 그렇다. 이곳은 우리나라에서 가장 커다란 바지락밭을 낀 갯마을이다. 때마침 마을을 찾은 날은 사리(물 빠짐이 가장 심한 시기)를 이틀 넘긴 날이어서 마을 사람들은 아침 7시부터 갯벌 나갈 준비를 하느라 내남없이 분주했다.

계절은 3월로 넘어왔건만 해가 반짝하더니 어느새 희끗희끗 눈발이 성기게 내리고, 살갗을 파고드는 칼바람이 불었다. 일기예보에 의하면 아침 기온 영하 4도. 실제 체감온도로 보면 영하 8도는 될 듯싶은 날씨다. 예사롭지 않은 꽃샘추위. 그럼에도 사람들은 저마다 경운기를 이끌고 갯벌 들머리로 몰려나왔다. 경운기는 하나같이 사람들을 가득 태우고 있었는데, 두고 보면 알지만 이 경운기들은 최고 12킬로미터까지 갯벌을 따라 들어가 사람들을 부리고 바지락을 실어 내온다. 우리 땅에서 경운기로 이만큼 들어갈 수 있는 갯벌은 이곳말고는 어디에도 없다.

이윽고 갯벌이 완전히 바닥을 드러내자 경운기가 꼬리에 꼬리를 물고 갯벌로 향했다. 경운기에 타고 있는 사람들은 대부분 하전리와 이웃마을 아낙들이며, 하나같이 챙모자에 수건을 둘러썼

하전리 사람들의 삶의 터전 뻘밭. 다 캔 바지락을 실어 내오고 있다.

다. 게중에는 하루 품삯을 받고 일하러 온 '아줌마 부대'도 상당수다. 마을에서 만난 김영록 씨(50)에 따르면, 경운기가 많이 들어갈 때는 약 2백여 대 정도까지 들어간다고 한다. "많이 들어갈 때 보면 경운기가 겁나게 많아요. 꼭 전차 같은 게 쫙 들어가는 거 보면 엄청나죠. 뻘에 가서도 이쪽 끝에서 저쪽 끝이 안 보일 정도요."

끝없이 이어진 갯벌. 갯벌을 따라 이어진 30리 경운기 갯길. 30분 남짓 달리자 앞서 나가던 경운기들이 한 대 두 대 뻘밭에 '아줌마 부대'를 부려놓기 시작한다. 말이 '아줌마'이지 사실 이분들은 '할머니'라고 불러야 할 사람들이 훨씬 더 많다. 할머니들에게는 이곳 하전리 갯벌이 직장이나 마찬가지다. 갯벌에 물이 빠지면 들어와 물이 들어찰 때까지 쉼없이 바지락을 캐는 것이 이분들의 업무다. 경운기를 끌고 나온 김인수 씨에 따르면, 이들은 1킬로그램에 2백 50원을 받고 일한단다. 많이 캘수록 많이 받기 때문에 이들은 일단 경운기에서 내리는 순간부터 갈 때까지 그야말로 전쟁을 치르듯 바지락을 캔다. "한번 들어오면 서너 시간은 작업해요. 이 뻘이 7백 헥타르 정도 된다드만요. 하루 많게는 6백 명까지 들어온 적이 있소. 많이 캘 때는 이 뻘에서 하루 50톤까지도 바지락을 캐요."

그의 말 대로라면 '캔다'는 표현은 마땅한 표현이 아니다. '퍼담는다' 또는 '쓸어담

바지락을 캘 때는 중무장을 해야 하지만, 바지락을 캐고 나면 다들 뻘 범벅이 된다.

여기서 나는 바지락은 뻘이 좋아 다른 곳보다 씨알이 굵고 맛도 좋다.

는다'는 표현이 맞을 것이다. 실제로 바지락을 캐는 아줌마들은 갈퀴로 슥슥슥 무슨 감자 캐듯이 뻘을 긁어낸 뒤, 걸려나온 바지락을 망태기에 주워담듯 쓸어담는다. 한마디로 이곳 뻘 속에는 뻘흙보다 많은 것이 바지락이라 해도 틀린 말이 아니다. "여기 뻘에다 입 대고 사는 사람이 많아요. 바지락이라면 여기가 젤로 잘 되거든요. 1헥타르에 자릿세만 해도 1억은 될 거요. 이것두 수협에 허가를 받아야 해요. 아무나 와서 캐가는 것이 아니라 다 주인이 있다 말이요." 김인수 씨(62)에 따르면, 이곳이 바지락밭으로 널리 알려지기 시작한 것은 20여 년 전부터라고 한다. 처음에는 여기서 백합도 나고, 굴과 게, 바지락이 골고루 났지만, 갯벌에 바지락 씨를 뿌리기 시작하면서 갯벌 전체가 바지락밭이 되었다고 한다.

뻘이 좋으면 바지락도 옹골차다. 마을 사람들에 따르면 다른

다 캔 바지락은 경운기에 싣는다. 한 대 마다 바지락 80자루씩 싣고 나간다.

곳에서 바지락 종자를 갖다 뿌려도 여기서 나는 바지락이 훨씬 더 씨알이 굵고 맛도 좋다는 것이다. 다른 갯가 지역에서는 물이 빠졌을 때 길어봐야 2킬로미터 정도 뻘이 드러나지만, 이곳은 조금(물이 잘 빠지지 않는 기간) 때라도 6킬로미터 이상 물이 빠진다고 한다. 이처럼 물이 많이 빠지면 뻘밭이 햇볕과 공기를 오래 받아들이므로 더 기름진 뻘이 된다는 것이다. 따라서 그곳에서 자라는 바지락도 더 옹골차고 신선도가 높아지는 법이다. 실제로 시중에서 판매하는 바지락을 보면, 다른 곳에서 나는 바지락은 2~3일 정도면 입을 쩍 벌리고 죽어가지만, 하전리 바지락은 대엿새까지 살아 있음을 볼 수 있다. 바지락 보관의 적정 온도인 3~4도를 유지해주면 8일까지도 간다는 것이다.

"그전에는 사람이 그냥 걸어서 들어왔어요. 바지락도 지게로 져나르거나 소를 끌고 와 우마차로 대녔죠. 배 있는 사람은 물 있을 때 미리 배로 실어나르고, 그러다 경운기가 나오면서 경운기로 대닌 거예요." 김인수 씨가 들려준 뻘 경운기의 내력이다. 경운기가 다니기 시작하면서 소득이 늘어났음은 두말할 것도 없다. 이렇게 뻘에 들어온 경운기는 나갈 때 한 대마다 약 80자루씩 싣고 나간다. 바지락 한 자루에 20킬로그램이므로, 한 대에 1천6백 킬로그램씩 싣고 나가는 것이다.

물론 이곳에 들어온 경운기가 다 바지락만 실어나르는 것은 아니다. 게중에는 이각망에 걸려든 고기를 싣고 가거나 자연산 굴과 게, 해태 양식장에서 김을 실어나르기도 한다. 그래도 어쨌든 대부분의 경운기는 바지락을 실어나른다고 봐야 한다. 얼마 전까지만 해도 하전리에서 나는 바지락은 시중에서 쉽게 만날 수가 없었다. 대부분 일본으로 수출되었기 때문이다. 그러나 몇 해 전부터 중국과 북한산 바지락이 싼값으로 일본 시장을 점령하면서 고창 바지락은 수출과 내수를 겸하게 되었다. "여기 바지락은 뻘이 안 들었어요. 선도도 훨씬 뛰어나고. 그러니 일본으로 수출까지 하지. 그놈들이 어떤 놈들인디." 김영록 씨의 말이다.
　오전 내내 계속된 바지락 캐기는 12시가 되면서 마무리 작업에 들어갔다. 아줌마들은 조금이라도 더 바지락을 캐내려고 안간힘

경운기들이 바지락을 싣고 30리 갯길을 달려 마을로 돌아오고 있다.

을 쓰고, 경운기를 몰고 온 남자들은 서둘러 지게로 바지락을 져 날라 경운기에 실었다. 드디어 뻘밭 주인이 작업 종료를 알리자 아줌마들은 우르르 경운기에 올라탔다. 옷은 이미 개흙 범벅이 되었고, 얼굴에도 무슨 '머드팩'이나 한 듯 온통 개흙칠이다. 눈은 그쳐서 물기 머금은 갯벌 바닥은 햇빛을 받아 은빛으로 반짝거린다. 경운기 도로에는 벌써 한두 대씩 바지락을 싣고 갯벌을 빠져나가는 경운기들도 보인다. 1시쯤이면 물이 들어차므로 그 전까지는 모두 갯벌을 빠져나가야 한단다.

마을에 있는 바지락공장에서 바지락을 선별하고 있다.

경운기를 타고 가면서 보니 마을과 갯벌을 잇는 서너 개의 갯길마다 갯벌을 빠져나가는 경운기가 줄을 이었다. 그 모습을 보고 있자니 새삼 갯벌이 이 많은 사람들을 다 먹여살리는구나, 하는 경외심마저 들었다. 경운기가 하나 둘 마을에 도착하자 기다렸다는 듯 트럭이 경운기에서 바지락 망태기를 옮겨 실었다. 마을에 있는 바지락공장에서 온 트럭이라고 한다. 하전리에 있는 바지락공장은 1999년에 생겼는데, 수출용과 내수용을 모두 생산해낸다. 갯벌에서 가져온 바지락은 공장으로 옮겨온 뒤 곧바로 뻘과 모래를 뺀 뒤, 살균과 세척을 하고, 크기별로 나눠 포장을 한다. 하전리 바지락공장 대표인 임성기 씨에 따르면, 고창 바지락의 자랑은 무엇보다 영양이 풍부하고 생명력이 강하다는 것. 튼실한 갯벌에서 자란데다 심한 간만의 차이에서 오는 저항력이 좋은 품질로 나

하전리 뻘밭은 바지락뿐만 아니라 자연산 굴과 게도 많고, 김 양식장도 있다.

타난다는 것이다.

고창에서는 갯벌이 사람을 먹여살린다. 갯벌을 낀 바닷가 마을은 대부분 갯벌을 텃밭 삼아 생계를 유지한다. 바다에게는 갯벌이 콩팥과 같아서, 오염물질을 분해하는 갯벌을 통해 건강한 생태계를 유지한다. 전문가의 연구 결과에 따르면 1평방킬로미터의 갯벌이 웬만한 하수처리장 1개와 맞먹는 정화능력을 지녔다[1]고 한다. 갯벌은 물의 흐름을 억제해 자연적으로 홍수를 조절하며, 태풍으로 인한 풍랑을 완화시키는 노릇도 겸한다. 또한 갯벌은 생태계의 자궁으로 통한다. 뭍과 바다의 중간지대에 위치한 탓에 갯벌은 양쪽의 생태계를 조절하고, 풍요롭게 만든다.

갯벌 퇴적물의 풍부한 영양분은 갯벌을 서식처로 삼는 생물들의 먹이가 될 뿐만 아니라 철새들에게도 급식창고 노릇을 함으로

1) 갯벌자연정보시스템의 갯벌정보 참조.
http://wetland.inpia.net

해질 무렵 바다에 나갔던 마을 사람들이 하나 둘 마을로 돌아오고 있다.

써 중간 기착지 기능을 담당한다. 갯벌이 형성되기까지는 수천 년의 세월이 필요하지만, 그것을 망가뜨리는 데는 수년도 걸리지 않는다. 그동안 우리 땅에서는 개발논리를 앞세운 간척사업으로 무수한 갯벌이 사라졌고, 지금도 우리 땅에는 그것을 망가뜨리려는 이기적인 삽질이 계속되고 있다. 사람이여, 그동안 충분히 망가뜨려놨으니 이제 좀 그만 하시라. 더 이상 생명의 자궁을 주검의 묘지로 만들지 마시라.

 ## 바지락, 빈혈과 간장질환 예방에 좋다

　사실 조개무리 가운데 바지락은 철분이 가장 많이 들어 있어 특히 빈혈 예방에 좋다고 한다. 또한 바지락의 살 속에는 간의 해독작용을 촉진하는 타우린 함량이 많을 뿐만 아니라, 비타민과 무기질 함량이 높아 소화 흡수가 잘 되고 간장질환 예방에도 도움을 준다고 한다. 바지락으로 만들 수 있는 요리로는 전골과 죽을 빼놓을 수가 없다. 전골에는 바지락 살과 해물 육수, 갖은 야채가 들어가는데, 청양고추를 넣으면 훨씬 얼큰하고 시원한 국물이 된다. 바지락죽은 물에 불린 쌀을 냄비에 넣어 볶다가 갖은 야채를 넣고 한 번 더 볶은 뒤 소금간을 해서 끓이면 되는데, 그 맛이 담백하고 고소하다. 고창에서 바지락 요리로 소문난 집은 해리면 동호리에 있는데, 음식점에서 만난 윤하옥 씨에 따르면 다른 곳과 달리 이곳에서는 바지락죽에 녹두를 넣는 것이 비결이라고 한다. 녹두가 고소한 맛을 더해 줄 뿐만 아니라 해독작용을 한다는 것이다. 또 전골에 청양고추와 다시마, 무를 넣는 것도 이 집만의 얼큰하고 시원한 전골 맛을 내는 비결이다.

 여행수첩

　서울에서 고창까지는 강남에서 30분 간격으로 고속버스가 있으며, 고창 버스터미널에서 선운사까지 하루 8대의 직행이 다닌다. 승용차로 갈 경우 서해안고속도로에서 고창 인터체인지로 나와 선운사 방면으로 가다가 22번 국도로 바꿔 탄 뒤, 조금만 가면 하전리가 나온다. 하전리에서 다시 남쪽으로 가다가 733번 지방도를 타고 바닷가 쪽으로 가면 동호리다. 선운사 주변에 호텔과 여관이 많이 있으며, 고창읍에도 잘 곳이 많다. 문의 : 고창군청 063-560-2225, 하전리 김영록 씨 063-564-5057,
바지락공장 임성기 씨 063-561-4433,
바지락 음식점(호수가든)
063-563-5694.

해넘이마을 동호리와 고창읍성

동호리는 상하면 구시포와 더불어 해수욕장으로 많이 알려져 있다. 이곳의 바닷물은 염도가 높아 피부병이나 신경통에 좋다고 하며, 모래밭은 십 리에 걸쳐 뻗어 있다. 동호리에서는 바다 건너 부안군 위도라는 섬이 보이며, 위도가 바라다보이는 마을 언덕에는 당할머니 사당이 자리잡고 있다. 동호리에서는 해마다 당할머니 사당에 모여 풍어제를 올리는데, 안타까운 사실은 이 사당이 군부대 안에 자리잡고 있어 관리하는 사람이 없다는 것이다. 마을에서도 풍어제를 올릴 때 빼고는 사당을 찾지 않아 건물 곳곳이 온전하지가 않다. 구시포 해수욕장과 더불어 동호리는 낙조가 아름다운 마을로도 알려져 있어, 주변에서는 해넘이마을로도 불린다.

다른 구경

모양성으로도 불리는 고창읍성 안에는 옛 동헌과 객사가 복원되어 있다.

동호리는 낙조가 아름다워 주변에서는 해넘이마을로 불린다.

고창읍성과 신재효 고택도 둘러볼 만하다. 고창읍성은 조선 단종 때 왜침을 막기 위해 쌓은 자연석 성곽이다. 모양성으로도 불리는 이 성곽 안에는 옛 동헌과 객사가 복원되어 있으며, 윤달에 돌을 머리에 이고 성을 한 바퀴 돌면 다리병이 낫고, 두 바퀴 돌면 무병장수하며, 세 바퀴 돌면 극락 승천한다는 전설이 있다. 신재효 고택은 고창읍성 바로 앞에 자리해 있는데, 이곳은 과거 동리 신재효 선생이 머물면서 판소리 명창들을 모아 가르치며 토끼타령, 박타령, 심청가, 적벽가, 춘향가, 변강쇠타령과 같은 판소리 여섯 마당을 완성한 집이라고 한다.

봄에는 노란 꽃동네, 가을이면 붉은 열매마을
산동 산수유마을 | 전남 구례군 산동면 위안리

위안리는 산수유도 많지만, 옛스런 돌담이 고스란히 남아 있어
산수유꽃이 피는 봄이나 열매가 익는 가을이면 한결 운치 있는 풍경을 연출한다.

원수에게도 예를 베푼다. 구례의 넉넉한 인심을 일컫는 말이다. 이는 모름지기 어머니와도 같은 지리산과 섬진강이 낳고 기른 풍요로움에서 비롯된 말이다. 조선 중기 이중환이 쓴 『택리지』에는 구례를 가리켜 볍씨 한 말을 뿌려 백마흔 말을 거둘 수 있는 곳이라 하였다. 또한 지리산을 일러 두툼하고 기름진 땅이 많아 사람이 살기에 적당한 곳이라 했으며, 산 속에 대나무와 밤, 감이 많아 "가꾸는 사람이 없어도 저절로 열고 저절로 떨어지고 높은 봉우리 위에 기장과 조를 뿌려도 무성하지 않은 곳이 없다"고 하였다. 이렇게 지리산이 가져다준 기름진 땅은 다시 섬진강이란 젖줄을 만나 한결 살지고 튼실해지는데, 말하자면 지리산이 낳은 풍요를 섬진강이 길러주는 꼴이다.

토종닭 한 쌍이 산수유꽃 그늘 아래서 봄볕을 즐기고 있다.

예부터 구례는 '세 가지가 크고, 세 가지가 아름다운 땅'이라 불려왔다. 웅장한 지리산과 젖줄 구실을 하는 섬진강, 지리산과 섬진강에 얽혀 있는 너른 들판이 세 가지의 큰 것이고, 산과 강이 어우러져 빚어낸 빼어난 경치와 기름진 들판에 넘치는 곡물과 푸성귀, 순박한 사람들의 넉넉한 인심이 세 가지의 아름다움이다. 여기에 한 가지 아름다움을 더 추가한다면 서슴없이 나는 산수유꽃을 꼽고 싶다. 구례의 아름다움을 한층 더해주는 이 산수유는 산동면을 중심으로 약 50여 개 마을에 걸쳐 흩어져 있는데, 그 중에서도 산수유가 가장 많아 산수유마을로 불리는 곳은 단연 위안리 상위마을과 하위마을이다. 위안리에서만 전국 산수유 생산량의 3할 이

산수유꽃이 피면 산동 상위마을은 스케치 여행, 출사 여행을 온 여행객들로 붐빈다.

상을 내고 있으며, 산동면 전체로 보면 전국 생산량의 절반 이상을 책임지고 있다. 또한 산동 지역에서 나는 산수유는 열매가 튼실하고 빛깔도 좋아 우리나라에서 가장 좋은 품질로 인정받고 있다. 이는 산동 지역이 산수유 재배조건으로는 최적의 조건을 갖추고 있기 때문이다. 산수유는 자갈이 많이 섞인 양질의 부엽토와 밤낮의 기온차가 심하면서도 눈과 늦서리가 적은 지역에서 잘 자라는데, 산동이 딱 그러하다.

본래 산동이란 땅 이름도 산수유에서 비롯되었다. 옛날 중국 산동성의 한 처녀가 지리산에 시집을 오면서 산수유나무 한 그루를 가져와 심은 것이 오늘날에 이르러 번창하게 됐다는데, 실제로 구례의 산동과 중국의 산동은 모두 산수유 주산지라는 공통점을 지니고 있다. 산동에는 산수유에 얽힌 재미있는 이야기도 하나 전해온다. 어느 날 사돈네가 산동에 사는 딸네 집을 찾아왔다

가을에 빨갛게 열린 산수유.

위안리에서 앞마당에 산수유를 말리고 있는 할머니.

고 한다. 용변이 급한 사돈은 일을 마친 후 마땅한 밑씻개가 없어 뒷간에까지 늘어진 산수유 가지에서 잎을 따 뒤를 닦았다. 그런데 이게 웬일, 쓰리고 따갑고 아프고 그야말로 지독한 쓰라림을 맛봐야 했는데, 이에 사돈네가 말하기를 "사돈네가 어렵다 어렵다 하지만 글쎄 나뭇잎까지 독할 줄은 미처 몰랐다"며 혀를 내둘렀다는 것이다. 사돈네가 산수유나무 껍질이 살갗에 닿으면 가려움증을 일으킨다는 사실을 어찌 알았으랴.

흔히 봄을 알리는 대표적인 나무로 알려져 있는 산수유는 살얼음이 녹는 3월에 꽃이 피기 시작해 4월 초까지 노란 꽃을 피운다. 특히 꽃이 필 때쯤 상위마을은 돌담과 계곡, 산수유꽃이 어우러져 그야말로 '노란 꽃동네'가 된다. 열매는 10월에 발갛게 열리며, 보통 11월에 딴다. 이렇게 따낸 산수유는 씨앗을 분리해서 얻은 빨간 육질로 술과 한약재, 차를 만든다. 주로 열매를 한약재로 쓰

산수유마을 가는 길에 만난 천진난만한 아이들.

는 산수유는 성질이 따뜻하고 맛은 시큼털털한데, 한방이나 민간에서 보신과 치료에 두루 쓰였다. 『동의보감』을 비롯한 옛 의학서에 따르면 산수유는 신장과 방광, 성인병과 부인병에 좋다고 했다. 따라서 민간에서는 오줌싸개 아이들과 요실금 노인에게 산수유를 썼으며, 여자들의 월경불순과 조루나 발기부전이 있는 남자들에게도 산수유가 정력제로 쓰였다. 실제로 한방에서는 산수유를 장기 복용할 경우 정력이 증강하며, 월경불순을 다스리며, 신장 강화에도 도움이 되는 것으로 보고 있다.

하지만 산수유를 차나 약재로 쓸 때는 반드시 씨(씨에 약간의 독성이 있다고 함)를 발라내야 하는데, 이 씨 발라내는 일이야말로 여간 번거로운 일이 아니다. 그 작은 열매를 하나하나 입으로 깨물어 씨앗을 발라내야 하기 때문. 그래서 옛날 산동에서는 젊은 처자가 시집갈 때쯤이면 앞니가 발갛게 물든 홍니로 시집가는 경우가 한둘이 아니었다고 한다. 물론 지금은 씨 빼는 제피기가 보

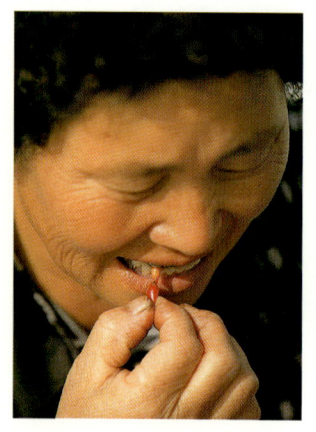

김정자 씨가 입으로 산수유 씨를 바르고 있다.

산수유가 지천인 산동에서 볼 수 있는 돌서낭당.

급되어 씨 빼기가 한결 나아진 편이다. "이게 얼마나 손이 가는지 몰러요. 낮으로는 따야지, 밤으로는 까야지. 봄에 꽃 필 땐 이뻐도 이게 사람 죽이는 일이에요. 옛날에는 하룻저녁에 자정이 되도록 밥 그릇으로 열두 그릇씩 깠어요. 그러니 다들 이빨 패이고 닳아뿌리고 그랬제. 이게 처음에는 따서 사흘 정도 말리면 몰캉몰캉해져요. 몰캉한 상태에서 하루 더 쪼름쪼름 쫄그면 꼬들꼬들해져요. 그때 씨를 발러요. 다 깐 놈은 뱉 좋은 날 한 3일 말리요. 지금은 기계로 하니까, 제피기에 넣을 때는 약간 삶어서 넣죠." 상위마을에서 산수유와 함께 살아온 김정자 씨(59)의 말이다. 그의 말처럼 산동에 사는 여자치고 이빨 성한 사람이 없다.

산수유 씨 빼기 작업이 힘들다 보니 산동에서는 작업을 할 때 부르는 〈산동애가〉라는 노동요도 지금까지 불려지고 있다. 본래 이 노래는 여순사건 때 백부전이라는 열아홉 살 처자가 국군에게 끌려가며 부른 노래라고 한다. 그러나 반세기가 지난 지금은 산동 사람들이 산수유 작업을 할 때 즐겨 부르는 노동요로 자리잡게 되었다.

잘 있거라 산동아 너를 두고 나는 간다
열아홉 꽃봉오리 피어보지 못한 채
가마귀 우는 골을 멍든 다리 절며절며
다리머리 들어오는 원한의 넋이 되어
노고단 골짝에서 이름 없이 스러졌네

여순사건 때 산동의 여러 마을이 피해를 보

위안리 인근에 있는 대평리에서 산수유를 따고 있는 한길례 할머니(72).

앉는데, 상위마을도 예외가 아니었다. 그 전만 해도 80여 호가 넘는 제법 큰 마을이었지만, 사건이 지나고 나서 20여 가구가 사는 작은 마을이 되고 만 것이다. 그 옛날의 상처를 치유하듯 상위마을에는 봄마다 노란 산수유꽃이 만개한다. 또 가을이면 마을이 온통 산수유 열매로 붉게 물든다. 그 꽃은 수많은 사람들의 눈을 즐겁게 하고, 또 열매는 약재나 차로 수많은 사람들을 보신하고 치료해준다. 물론 위안리 사람들의 마음을 다독이고 위안해온 것도 저 산수유나무의 몫이었다. "봄에는 이 산수유꽃이 얼마나 좋은지 몰라요. 힘들긴 해도 산수유 때문에 우리가 이렇게라도 산 거요." 위안리 바로 아랫마을인 대평리에서 만난 한길례 할머니(72)도 평생 산수유 씨를 발라내는 통에 이가 다 해져서 새로 해 박았다고 한다. "딸 때는 밤늦게까지 따요. 늦게까지 따다가 새북에 일어나 또 따는디요 뭘. 한 및 해 산수유가 안 열었어요. 올해는 풍년이요. 근디 요시는 시세가 없어논게 걱정이죠."

위안리 이장 댁인 구형근 씨네 집 앞마당에 산수유가 가득 널려 있다.

상위마을 이장인 구형근 씨(64)에 따르면, 산수유 6백 그램 한 근에 좋을 때는 3만 원이 넘었으나 지금은 1만 2천~1만 4천 원 정도로 떨어졌다고 한다. 보통 위안리를 비롯한 산동 지역에서 산수유를 키우는 사람들은 많게는 3백여 그루씩, 적게는 수십 그루의 산수유를 가지고 있단다. "바위 틈새에서 제절로 나는 놈 있고 심은 놈도 있고 그래요. 또 산수유도 종자가 달라서 알이 굵은 놈 있고, 자잘한 놈이 따로 있어요. 나무 한 그루에 큰 놈은 30근씩 산수유가 나오고, 10근도 못 나오는 놈도 있어요." 위안리 상위마을은 산수유도 많지만, 옛스런 돌담이 고스란히 남아 있어 산수유꽃이 피는 봄이나 열매가 익는 가을이면 한결 운치 있는 분위기를 연출한다. 하지만 그 운치 속에는 산수유에 얽힌, 힘겹고 때론 고단한 위안리 사람들의 삶이 고스란히 스며 있다. 만일 위안리를 찾게 된다면 산수유꽃만 볼 것이 아니라 산수유에 얽힌 위안리 사람들의 살가운 삶도 한 번쯤 들여다보고 올 일이다.

 ## 몸에 좋은 산수유차, 산수유술

산수유에는 사포닌과 코르닌, 사과산, 비타민A 등의 성분이 함유되어 있으며, 산수유에 들어 있는 코르닌 성분은 신진대사를 돕는 것으로 알려져 있다. 산수유를 가지고 차를 만들 때는 커피 주전자 정도의 물에 서너 수저(차수저)의 과육을 넣고(60그램 산수유에 물 1.8리터 정도) 약한 불로 40분 이상 달여내면 색깔이 붉고 고운 산수유차가 된다. 이때 감초나 계피, 대추, 곶감, 구기자, 인삼 등을 함께 넣어 달여도 좋다. 차를 마실 때는 꿀이나 설탕을 넣어 먹어도 좋지만, 약간 시큼털털한 산수유 본래의 맛을 즐기는 것도 좋다. 술을 담글 때는 산수유 2백 그램에 됫병 소주 한 병 정도를 붓고 잘 밀봉하여 2~3개월 이상 두었다가 매일 조금씩 복용하면 좋다.

 여행수첩

　호남고속도로에서 전주로 나와 남원 쪽으로 가는 19번 국도를 타고 가다 보면 왼편으로 지리산온천으로 들어가는 861번 지방도가 나온다. 그 길을 따라 직진해 올라가면 상위마을에 닿을 수 있다. 버스는 서울 남부터미널 이용. 지리산온천장 쪽에 숙식시설이 많다. 구례에서는 해마다 3월 초쯤 지리산온천관광지에서 산수유꽃 축제를 연다. 문의 : 구례군청 061-780-2356, 상위마을 이장 구형근(산수유 취급) 061-783-1330.

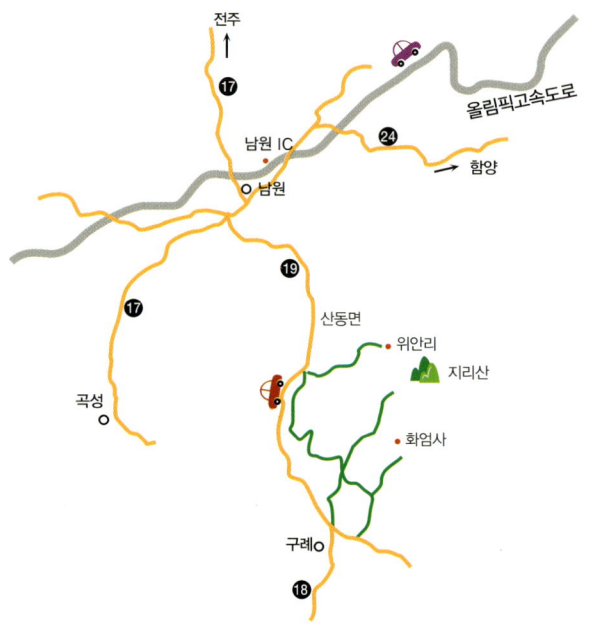

대가람 화엄사와 구례 5일장

지리산은 덩치가 큰 만큼 커다란 가람들도 둥지를 많이 틀었다. 화엄사, 연곡사, 천은사에서부터 지금은 그 흔적만 황룡사에 이르기까지 구례 쪽 지리산 자락에는 그동안 숱한 사찰이 생겨나고 사라지기를 반복했다. 모르긴 해도 지리산에서 느낀 경건함을 사람들은 대가람으로 형상화했던 모양이다.

현재 구례에 남아 있는 절집 가운데 가장 널리 알려진 절은 아무래도 화엄사일 것이다. 화엄사야말로 지리산에 있는 절 가운데서 가장 규모가 크고 장엄한 절이라 할 수 있다. 신라 진흥왕 5년(544)에 인도의 승려 연기조사가 세운 것으로 전해오는 화엄사는 한때 여든 개가 넘는 암자가 들어찬, 말 그대로 대가람이었다고 한다. 하지만 임진왜란과 한국전쟁을 거치면서 많은 건물이 훼손되었고, 오늘날의 모습은 임진왜란이 끝난 뒤 인조 8년(1630)에 벽암선사가 증축한 것이다.

사찰 경내에는 국보인 사사자삼층석탑, 영산회괘불탱, 각황전, 각황전앞석등을 비롯한 수많은 문화재가 모여 있고, 지장암 옆에 가면 천연기념물로 지정된 올벚나무도 만날 수 있다. 일명 '피안앵'이라고 불리는 올벚나무는 원래 껍질과 더불어 무기를 만드는 중요한 자원이었는데, 병자호란 이후 전쟁에 대비하기 위해 이 벚나무를 심었다고 한다. 올벚나무라는 이름은 벚꽃 가운데서도 가장 먼저 꽃을 피운다고 해서 붙여진 이름이다. 화엄사는 건물 배치에 있어서도 독특한 모습을 띠고 있는데, 일주문을 지나 북동쪽으로 오르면 금강문이 나오고, 그 문을 지나 한층 높은 곳에 천왕문이 있으며, 계속해서 올라가면 보세루에 이르게 된다.

대가람 화엄사의 올벚꽃. 올벚나무는 토종 벚꽃이다.

다른 절에서는 보통 대웅전 앞에 위치한 누각의 밑을 통과하여 대웅전에 이르게 되는 반면, 이곳에서는 누각의 옆을 돌아가게 하는 독특한 방식을 취하고 있다. 절 안에는 동서로 두 개의 탑이 사선 방향으로 서 있고, 동쪽 탑 위쪽에 대웅전이 있으며, 서쪽 탑에서 계단을 밟고 올라선 곳에 각황전이 자리하고 있다. 각황전은 국보 67호로 우리나라에 현존하는 목조건물 가운데서는 가장 큰 규모이다.

구례읍내에서 만날 수 있는 구례 5일장은 전국에서도 옛 장터의 모습과 시골장 분위기를 가장 고집스럽게 지켜오는 곳이다. 매달 끝자리가 3일과 8일에 열리는 구례장의 가장 커다란 볼거리는 역시 나무와 함석지붕을 한 1백여 동이 훨씬 넘는 옛날 장옥들이다. 이 장옥들은 오랜 세월 장터를 열며 하나 둘 늘어나 오늘에 이르게 된 것이다. 이 많은 장옥들은 다시 여러 개의 '전'으로 구분되는데, 쌀과 곡물을 파는 곡물전, 각종 농기구와 대장간이 있는 철물전, 생선과 어물을 파는 어물전, 냉이와 씀바귀, 고사리, 두릅과 같은 나물과 온갖 채소를 파는 나물전, 토종닭과 토끼 등을 파는 가축전, 항아리와 그릇을 파는 옹기전, 뻥튀기 장수들이 모인 튀밥전, 산수유와 당귀 등 한약재를 파는 약재전 등이 그것이다. 그 밖에도 국밥집, 팥죽집, 국수집, 대포집, 순대집 등이 장터에 들어앉아 오고가는 장꾼들을 불러들인다.

  구례장은 장옥에 들어서는 순간 30여 년 전의 시골장으로 들어선 듯한 느낌을 받는다. 예스러운 장옥은 마치 시대극의 세트처럼 펼쳐져 있고, 그 장옥의 한쪽에서는 뻐엉 뻥, 뻥튀기를 튀기는 뻥튀기 장수들이 연신 튀밥을 튀겨낸다. 이곳의 튀밥전은 구경꾼들이 가장 많이 모이는 곳이기도 하다. 뻥, 하는 소리가 나면 튀밥전은 금세 희뿌연 연기로 뒤덮이고, 구경하는 사람들은 저마다 깜짝 놀라면서도 즐거운 표정들이다. 튀밥전 바로 앞에는 옛 모

옛 장옥이 빼곡히 들어서 있는 구례장.

습을 그대로 간직한 대장간이 있어 대장장이는 벌겋게 달궈진 쇠를 두들겨 낫이며, 호미며, 쇠스랑을 만들어낸다. 튀밥전에서 뻥, 하면 대장간에서는 쩌엉 쩡, 모룻돌에 메 부딪는 소리가 장옥 가득 울려퍼진다.

구례장에서 또 그냥 지나칠 수 없는 곳이 장터 한가운데쯤 자리한 팥죽집이다. 새알심을 듬뿍 넣은 이곳의 팥죽은 겨울과 이른봄의 별미로 점심 때쯤이면 발 디딜 틈 없이 붐빈다. 팥죽집의 또 다른 별미는 담백하게 끓여낸 콩죽이다. 이 콩죽은 그냥 신김치에 소금간만 해서 먹어도 옛 어머니 손맛을 그대로 느낄 수 있다. 장옥 내에는 또 시골국밥집과 대포집도 있어 장구경 나온 사람들의 발길을 잡는다. 장날 새벽이면 장터 인근에서 우시장도 열린다.

광양에는 매화마을, 청양에는 구기자마을

섬진강변 산자락이 매화꽃으로 환하다. 전남 광양시 다압면 도사리 섬진마을. 이제는 너무나 유명해진 매화마을이다. 매화마을에 들어서면 꽃보다 먼저 향긋하고 알싸한 매향이 나그네를 반긴다. 섬진마을이 매화마을이 된 것은 우리 땅에서 본격적인 매실농원을 처음으로 연 청매실농원 덕택이다. 청매실농원은 이미 일제시대인 1930년대에 조성되었으며, 아직도 농원(3천여 평)에는 그때 심은 70여 년생 매실나무 수백 그루가 오래된 매향을 피워낸다. 또한 널찍한 농원 앞마당에는 2천여 개에 이르는 전통 항아리가 그득그득 매실을 품고 있는데, 그 풍경이 주변의 흐드러진 매화꽃과 너무나 잘 어울린다.

청매실농원은 전망도 그만이어서 매화꽃밭 너머로 섬진강 자락의 휘어진 물굽이가 한눈에 들어온다. 매화꽃 감상은 해뜰 무렵이 제격이다. 투명할 정도로 희디흰 매화꽃잎이 가장 선명하게 보일 때도 이때다. 꽃밭을 전체적으로 조망하고 싶다면, 정해진 산책로를 벗어나 농원 뒷산을 오르는 게 좋다. 산에 올라서 내려다보면 마치 잔디를 깔아놓은 듯 푸른 초원 위에 가지가 부러질 듯 흐드러진 매화가 일정한 간격을 두고 정렬한 아름다운 모습을 한눈에 볼 수 있다. 더불어 농원 뒤편을 에두른 시원한 대숲도 곁들여 볼 수 있는데, 대숲 사이로 난 황톳길의 운치도 그만이다. 농원 오른편으로 이어진 산책로를 따라가면 하늘이 보이지 않을 정도로 길 양편에 늘어서 꽃가지를 늘어뜨린 매화터널도 만날 수 있다.

그러나 역시 최고의 풍경은 꽃이 질 때 풍경이다. 3월 말에서

다른 마을

청매실농원 마당에 즐비하게 늘어선 매실 항아리.

4월 초쯤 매화가 질 때면 섬진강변의 매화마을은 온통 매화 꽃비가 내리는 듯하다. 이때쯤 매화마을을 찾는다면, 누구라도 한 번쯤은 바람이 불 때마다 화라락 져내리는 매화 꽃비 속을 거닐어 보고 싶을 것이다. 그리고 몇 번씩 매화마을을 방문해 본 사람 중에는 사람이 붐비는 청매실농원(061-772-4066)을 뒤로 하고 한적한 매화밭을 찾는 이들도 많다. 사실 청매실농원이 있는 도사리는 어디를 가더라도 매화 핀 풍경이 아름다우며, 이웃한 신원리와 고사리에도 한적하고 운치 있는 매실농원(광양매실영농조합, 061-772-4131)이 많다.

보통 매화는 3월 중순에 꽃을 피워 4월 초면 지고 만다. 매화가 절정에 이르는 3월 중순이면 매화마을에서는 매화축제를 열기도 한다. 매실은 4월부터 열어 5월부터 따기 시작하는데, 매실에는 천연 구연산을 비롯한 몸에 좋은 성분이 많이 들어 있어 피로회복과 성인병 예방에 좋다고 한다. 또 매실은 장내 유해균을 조정하는 기능과 더불어 체질개선을 돕는 것으로도 알려져 있다. 현재 나와 있는 매실가공식품으로는 매실농축액과 차, 술은 물론 장아찌, 된장, 고추장 등 다양하다.

　구례에 산수유마을이 있고, 광양에 매화마을이 있다면, 청양에는 구기자마을이 있다. 예부터 불로장생의 영약으로 일컬어지는 구기자는 일찍이 중국의 진시황도 즐겨 먹었던 것으로 전해오고 있다. 그때 불로장생을 위한 궁중의 3대 비법이 있었는데, 이 세 가지 비법에 구기자가 공통으로 들어 있었다고 한다. 오랜 옛날 대대로 장수하는 집안이 있어 비결을 알아보니 우물가에 커다란 구기자나무가 있어 뿌리가 우물 속까지 뻗어 내려가 그 물을 마셨기 때문이라는 이야기도 전해온다. 구기자는 한국과 중국, 일본에서 고루 자라고 있지만, 우리나라에서는 기후와 토양으로 보

광양 매화마을 청매실농원의 매화.

구기자는 근육과 뼈를 튼튼히 하고, 정력을 증진시키며, 피로회복에 좋다고 한다.

아 청양이 구기자가 자라기엔 가장 알맞은 땅이라 할 수 있다. 구기자는 밑바닥층에 모래와 자갈이 깔려 물 빠짐이 좋고, 약간 비탈진 땅에서 잘 자라며, 낮과 밤의 기온차가 심한 지역에서 잘 자라는데, 이 두 조건을 적절히 갖춘 곳이 바로 청양이다.

현재 청양에서는 약 4천여 농가에서 8백여 톤의 구기자를 생산해 전국 생산량의 절반 이상을 내고 있다. 구기자는 전혀 독성이 없으며, 근육과 뼈의 발달을 튼튼히 하고 정력을 증진시키고, 피로회복에 좋을 뿐만 아니라 장과 위를 기름지게 하고, 다리와 허리가 아픈 데도 구기자 뿌리가 좋은 효과가 있다. 또한 눈을 밝게 하고 피부를 매끄럽게 하며, 여드름과 종기를 없애는 미용효과와 더불어 콜레스테롤의 장내 흡수를 억제하고, 혈중 콜레스테롤을 조절하여 고혈압을 예방하고 혈액순환을 촉진시킨다. 허준이 지은 『동의보감』에는 구기자가 몸이 허약하여 생긴 병을 다스리고 근육과 뼈를 강하게 하며 얼굴색을 희게 하고, 정력에 좋다고 하였다. 구기자의 여러 효능 가운데 현재까지 알려진 가장 큰 효과는 피로회복이며, 최근 연구결과에 따르면, 항균효과와 항암효과, 면역증진효과, 간기능 개선, 콜레스테롤 저하효과까지 있는 것으로 밝혀졌다.

보통 구기자라 하는 것은 구기의 열매를 가리키는 것이며, 뿌리의 껍질은 지골피, 잎은 구기엽이라 하여 효능에 약간씩 차이가 있다. 보통 지골피는 해열작용과 장에 좋고, 구기자는 폐와 신장의 기능을 돕고 눈을 밝게 하며, 성인병 예방에 주로 쓰인다. 또 줄기는 기침약으로, 꽃은 강장제로 많이 쓰인다. 구기자를 고를 때는 늦가을에 딴 붉은 빛깔의 구기자보다는 조금 일찍 딴 검은 빛깔의 구기자를 택하는 것이 좋다. 구기자는 열매와 뿌리, 잎에 따라 쓰임이 조금씩 다른데, 주로 잎은 구기나물이나 녹즙, 구기밥, 구기엽차, 발효음료에 쓰이고, 열매는 차와 술, 환약, 식혜에 쓰이며, 뿌리로는 보통 술을 담가 먹는다.

청양에서도 구기자가 가장 많이 나는 곳은 운곡면으로, 산자락 곳곳에서 구기자밭을 볼 수 있다. 여기에서 나는 구기자로 술을 만드는 양조장도 운곡에 있으며, 광암리에서는 12대째 가업처럼 구기자술을 만들어오는 이도 만날 수 있다. 44년 전부터 술을 내리기 시작했다는 임영순 씨는 스무 살을 갓 넘기고 시집와서 곧바로 시어머니로부터 술 빚는 법을 전수받았다고 한다. "종가집이라 12대째 술을 계속 내려왔쥬 뭐. 이래저래 명일지사까지 치면 한 달이라두 지사 없는 때가 없시유. 그러니 술 떨어질 날두 없는 거쥬." 그의 말처럼 종가집인지라 그의 집안에서는 술이 떨어지지 않았다. 일제시대에도 일경의 단속을 피해 누룩을 숨기고

청양 운곡 광암리에서 12대째 가업처럼 구기자술을 만들어오고 있는 임영순 씨.

술을 내릴 정도로 집안에서는 세습주에 대한 애착이 대단했다.

임씨네 집안에서 만드는 구기자술은 구기자 열매와 잎, 뿌리, 두충 뿌리와 껍질이 들어가며, 탁주와 증류주 두 가지 술을 만드는데, 고두밥을 쪄서 누룩을 만들고 약초를 집어넣어 술을 내릴 때까지는 한 달 가까운 시일이 걸린다. 이렇게 시간이 걸리고 재료가 많이 들어가는 바람에 상품화하기에는 어려움이 많다. "이게 쌀 한 가마 하면 20리터짜리 다섯 통 반이 나오니, 팔아봐야 남는 게 없지유, 뭐." 구기자술은 먹어도 숙취가 없고 순하고 감칠맛이 나는 게 특징이다. 보통 구기자술은 15도 정도의 탁주와 40도 정도의 증류주로 나뉘는데, 탁주의 경우 한여름에는 일 주일밖에 보관할 수 없으며, 증류주는 오래 가긴 하지만 워낙에 귀하기 때문에 제사 때나 중요한 행사가 있을 때만 쓰인다.

하늘이 내린 '신비의 약수'를 만난다

지리산 고로쇠마을 ― 경남 하동군 화개면 범왕리 목통마을, 전남 구례군 토지면 문수리

끝 간 데 없이 펼쳐진 지리산 자락. 지리산에 둥지를 튼 마을은 거개가 고로쇠마을이다.

　벚꽃은 아직 일러 피지 않았고, 산에는 산수유가 흐드러졌다. 볕 좋은 산비알에는 매화도 더러 망울이 부풀어 성급한 꽃을 틔웠다. 이때쯤이면 덩치 큰 지리산도 푸릇푸릇 봄물이 들기 시작하고, 겨우내 움츠렸던 나무들도 한껏 수액을 빨아들여 잎 틔울 준비를 한다. 가만 들어보면 나무에서 졸졸졸 물 흐르는 소리가 들리는 듯하다. 고로쇠나무가 많은 지리산 자락의 고로쇠마을에서는 더더욱 그런 소리가 들리는 듯하다. 하동군 화개면 범왕리 목통마을. 지리산에서도 알아주는 고로쇠마을이다. 여기저기 산자락 나무에 비닐봉지가 매달려 있는 것을 보니 저것들이 아마도 고로쇠나무인 모양이다.

하동의 고로쇠마을, 화개면 범왕리 목통마을

고로쇠나무는 단풍나무과에 드는 나무로 해발 6백 미터 이상에서 잘 자라며, 절기상 경칩을 전후한 2월 중순부터 3월 말까지 수액을 채취하는데, 예부터 이 고로쇠물은 '신비의 약수'로 불려왔다. 때로 산이 높은 곳에서는 4월 초순까지 고로쇠물이 나지만, 양도 적고 품삯이 나오지 않아 산에 오르지 않는다. 사실 고로쇠물은 나무가 밤새 뿌리를 통해 흡수했던 물이다. 그러므로 비가 오면 물의 양이 늘어나는 반면, 그 농도는 묽어지고, 바람이 심하게 불거나 가뭄이 들면 물의 양도 줄어든다. 보통 날씨가 맑고 바람이 적은 날이 계속될수록 질 좋은 물이 많이 나온다는 것이다.

범왕리 목통미을로 가는 길에 만난 벚꽃. 벚꽃이 질 때쯤이면 고로쇠도 끝물이다.

고로쇠물에는 비타민과 포도당, 과당, 자당이 들어 있으며, 무기성분인 칼슘과 마그네슘이 천연수에 비해 30~40배 정도 높아 특히 신경통과 관절염, 위장병, 피부미용과 변비, 몸 속 노폐물 배출에 좋다고 한다. 고로쇠를 '골리수(骨利水)'라 하여 뼈 '골'자를 써서 부르는 것도 바로 고로쇠나무에서 뼈에 좋은 물이 나오기 때문이다. 여기에는 이런 유래가 전해온다. 신라 말 도선국사가 산에서 수도를 하고 일어서려는데 무릎이 잘 펴지지 않아 고로쇠나무에서 나오는 물을 받아 마신 뒤에야 일어설 수 있었다고 한다. 그때부터 이 물을 골리수라 했다는 것이다. 고로쇠의 맛은 시중에서 파는 알

목통마을에서 만난 양상복 씨가 수액 채취를 위해 고로쇠나무에 비닐관을 꽂고 있다.

칼리성 이온음료의 맛과 흡사하다. 시원하고 단맛이 나기도 하며, 나무의 향이 은근히 배어 있다.

그러나 아무나 이 고로쇠물 채취를 할 수는 없다. 산림청에서 허가를 받은 마을과 그 주민만이 채취권을 얻을 수 있는 것이다. 고로쇠물을 받을 때는 먼저 나무의 밑동에 새끼 손가락만한 구멍을 뚫어 주머니가 달린 비닐호스를 연결해둔다. 이렇게 하면 졸졸졸 새어나오는 물이 비닐봉지에 가득 차게 된다. 지리산 중턱에 자리한 범왕리에서는 거의 대부분의 집에서 고로쇠물 채취에 매달리는데, 물맛이 좋기로 하동에서는 으뜸으로 친다.

"이거를 옛날에넌 요렇게 요렇게 화살표 모양으로 도끼를 쪼사서 박바가치를 갖다가 받쳐놓고 받았어요. 물이 껍데기에서 우러나니 첨에는 쪼금 뿕어 발그레한 기, 근디 지끔은 기계를 돌려서 짚이 호스를 넣어서 받으니까 물 색깔이 희지. 옛날에 바가치 갖다대고 받을 때는 바람 불면 엉망이라요. 비 오면 그 물은 못 쓰는 기요. 내가 어례서부터 그러니까 스무 살 때부터 대녔어요. 그때는 하루 한 말 정도면 많이 받는 기요. 지끔은 많이만 나면 하루 열 말이라도 받을 수가 있어요. 근디 올해는 가물러서 물 받기가 어례웨요. 예년에 비해 반에 반도 안 나는 기요." 범왕리 목통마을에서 만난 양상복 씨(58)의 말이다.

그는 한창 고로쇠물이 날 때면 새벽 5시쯤 나갔다가 저녁 7시가 지나서야 돌아온다고 한다. "이 근방에서 여기 물이 젤로 당도가 높아요. 지대가 높아서 그렁가. 여기가 따른 데보다 항구 늦어요." 때마침 우리가 찾아간 날 그는 지게를 짊어지고 고로쇠를 채취하러 산에 오르는 중이었다. 그를 뒤따라 마을 뒷산으로 오르는데, 중간중간 만나는 고로쇠나무마다 비닐주머니가 매달려 있다. 7부 능선쯤 산을 오르자 그가 지게를 내려놓고 주변을 살폈다. 이미 열댓 그루의 고로쇠나무마다 비닐주머니가 매달려 있다. 그는 여러 개의 비닐주머니 가운데 물이 다 찬 비닐주머니를 차례로 열어 물통에 따라 부었다. 그리고는 한번 맛을 보라며 우리에게도 물통 뚜껑에 정종빛 고로쇠물을 가득 따라준다. 목젖을 타고 흐르는 시원한 맛. 한마디로 물맛은 차고 달며, 상쾌했다.

고로쇠나무는 지리산과 백운산을 비롯한 남쪽 산에 많이 자라고 있는데, 하동에서는 화개에서 가장 많은 고로쇠물이 난다. 화개에서도 범왕골과 단천골, 빗점골, 왼골 따위 마을에서 특히 많이 나며, 물때가 되면 이들 마을에는 물꾼과 물 손님의 발길이 끊이지 않는다. 화개의 고로쇠물은 7백 미터 이상의 고산지역에다 볕이 좋아 맛과 효능이 이미 널리 알려져 있다. 화개를 비롯해 고로쇠물을 채취하는 농가는 하동 전체에 걸쳐 약 2백40여 농가 정도라고 한다. 이에 따라 하동에서는 해마다 경칩을 전후해 화

지게에 고로쇠를 한 통 짊어진 양상복 씨가 마을로 내려가고 있다.

개면 대성리 약수제단에서 고로쇠 약수제도 지내고 있다.

구례의 고로쇠마을, 토지면 문수리

한편 이웃한 구례군에서는 토지면(1백여 농가), 간전면(70여 농가), 마산면(20여 농가), 산동면(50여 농가) 등 지리산을 낀 지역에 고로쇠물이 많이 나며, 그 중에서도 토지면 문수리를 으뜸으로 친다. 고로쇠물 채취에 매달리는 농가도 많을뿐더러 물맛 좋기로도 널리 알려져 있기 때문이다. "일교차가 크고 바람이 적은 곳에서 물이 많이 나오는데, 기후 조건상 여기만한 데가 없어요. 고로쇠는 달콤하고, 색깔을 보면 정종빛이 나요. 또 이건 아무리 많이 먹어도 배탈이 나지 않아요." 마을에서 만난 황화성 씨의 말이다. 그에 따르면, 수액 채취 시기가 되면 어떤 이들은 아예 물안주(노가리, 북어포, 오징어 등)를 준비해와 하루에 한 말 가량을 먹고 가는 사람도 있다고 한다. 또 이 시기에는 예약을 하고 오지 않으면 물 구경도 못 하고 갈 정도란다.

따라서 마을에서는 아예 경칩을 전후해서는 오로지 고로쇠 채취에만 매달릴 정도로 고로쇠 채취가 주 소득원으로 자리잡았다. 마을 사람들에 따르면 고로쇠를 먹을 때도 약효를 제대로 보려면 방법이 따로 있다고 한다. 가장 좋은 방법은 뜨거운 온돌방이나 찜질방에서 땀을 내가며 많은 양을 단숨에 마

문수리 밤재마을 한가운데서 만난 고로쇠나무. 밤재에서는 마을에서도 고로쇠나무를 쉽게 만날 수 있다.

문수리 중대마을 초가. 토지면 문수리는 구례에서 가장 알아주는 고로쇠마을이다.

시는 게 좋다고 한다. 이때 안주처럼 포나 땅콩을 곁들이면 질리지도 않을뿐더러 체내 흡수도 골고루 된다고 한다. 최근에는 서울에서도 택배로 물을 받아 냉장고에 넣어두고 식수 대신 먹기도 하며, 밥 짓는 물로 고로쇠물을 이용하기도 한다. 고로쇠물을 보관할 때는 햇빛이 들지 않는 서늘한 곳이 좋으며, 냉장고에 보관했을 때 최고 20일까지도 보관이 가능하다. 오래 보관하다 보면 뿌옇게 부유물이 떠서 혹시 상한 것으로 오해하기 쉬운데, 이는 당분과 섬유질이 얽힌 것이므로 안심해도 된다. 다만 상온에서 오래 두면 며칠 만에도 상할 수 있으니 조심해야 한다.

고로쇠마을인 문수리에는 귀틀집과 초가도 만날 수가 있다. 문수리 밤재에서 볼 수 있는 귀틀집은 우리나라에서 몇 남지 않은 귀틀의 원형이 제대로 남아 있는 집으로서, 부엌에는 조왕신을 모시는 '조왕중발'과 뒤란에는 나무로 만든 운치 있는 굴뚝이 고스란히 남아 있다. 또 다랑논이 아름다운 문수리 중대마을에서는

밤재에 남아 있는 귀틀집 부엌에 모신 조왕중발. 조왕을 모시느라 정화수를 올려놓았다.

초가를 만날 수 있는데, 헛간채는 샛집으로 되어 있어 초가와 샛집의 운치를 동시에 구경할 수가 있다. 그리고 최근 반달곰을 키우는 곳으로 유명해진 문수사도 마을에서 멀지 않은 곳에 자리해 있다.

고로쇠는 천 년 이상 우리 민족이 즐겨온 신비의 약수임에 틀림없다. 그러나 요즘 들어 고로쇠 채취에 따른 문제점도 없지 않다. 과거에는 고로쇠를 채취할 때 나무 밑동에 V자 모양의 홈을 파서 거기에 대롱을 끼워 물을 받았다. 그러나 최근에는 드릴로 나무의 심층부를 뚫은 다음, 비닐자루가 달린 주사바늘을 꽂아 얻어낸다. 그리고 심한 경우에는 여러 나무에 꽂아놓은 호스를 파이프 한 곳으로 연결해 마을에서 아예 수도를 받듯 고로쇠물을 받기도 한다.

그러다 보니 애꿎은 주변의 나무들이 피해를 보거나 한 나무에서 정해진 양보다 훨씬 많은 양을 받는 탓에 고사하는 나무도 생겨나고 있다. 옛말에 과유불급(過猶不及)이라 했다. 아무리 고로쇠가 짭짤한 소득원이라 해도 나무까지 고사시키고 주변 삼림을 해치는 정도까지 되어서는 곤란하다.

 여행수첩

　화개면 목통리에 가려면 하동에서 19번 국도를 타고 가다 쌍계사 쪽으로 난 1023번 지방도로 바꿔 탄 뒤, 칠불사 쪽으로 계속 올라가면 범왕리이다. 쌍계사 주변에 먹을 데와 잘 데가 많다. 고로쇠수액 1통(18리터) 4만 5천~5만 원, 고로쇠수액생산자협의회 055-883-1802, 화개농업협동조합 055-883-4236. 토지면 문수리는 구례에서 19번 국도를 타고 가다 운조루가 있는 오미리를 지나 문수사 팻말을 따라 계속 올라가면 된다. 문수 저수지를 지나 첫 번째로 보이는 좌측 마을이 웃대내(상죽), 조금 더 가서 만나는 우측 마을이 중대마을이다. 문수분교를 지나 계속 올라가다 보면 좌측에 불당마을이 있고 다시 더 올라가면 길이 두 갈래로 갈리는데, 우측은 문수사 가는 길이고, 좌측은 밤재로 가는 길이다. 마을에 민박집이 여럿 있으므로 숙식은 걱정할 필요가 없다. 구례 고로쇠영농조합법인 061-783-2626.

지리산 명당 운조루와 장수마을 사도리

다른 구경

　구례에는 유난히 명당이 많다. 조선 후기 지리학자인 이중환을 비롯해 그동안 무수한 풍수가들이 구례를 찾았고, 또 이들의 발자취를 따라 많은 사람들이 구례로 흘러들어 왔다. 구례에서도 알아주는 명당으로는 토지면 오미리와 금내리, 문척면 토금리, 마산면 사도리 상사마을을 꼽을 수 있는데, 이 가운데서도 최고의 명당으로 꼽는 곳은 오미리다. 지리산의 한 봉우리인 형제봉 아랫자락에 자리한 오미리는 천상의 옥녀가 형제봉에서 금가락지를 떨어뜨린 모양, 즉 금환낙지의 형국이어서 대대로 부귀영화를 누릴 수 있는 명당으로 인식되고 있다. 때문에 전국 각지에서 권세 높은 양반네들이 이곳에 들어와 정착하기도 했다. 이를 뒷받침하듯 1931년에 간행된 『조선의 풍수』에서는 이렇게 적고 있

지리산 최고의 명당으로 꼽히는 오미리 운조루. 운조루는 '구름 속의 새처럼 숨어사는 집'이란 뜻을 지니고 있다.

다. "오미리와 금내리 부근은 1910년 초부터 전국 각지로부터 이주자가 모여드는 곳으로서 충청, 전라, 경상 지역의 양반들이 이곳에 1백여 호 옮겨왔고, 이런 추세는 계속 증가하고 있다. 이는 이곳 어딘가에 유명한 명당이 있다고 전해지는 까닭이다."

그러나 일찍이 오미리 '금환낙지'의 핵심에 아흔아홉 칸 집을 지은 이가 있었으니, 약 2백30여 년 전인 1776년 경상도 안동에서 일가들을 모아 오미리로 들어온 유이주라는 사람이 그 장본인이다. 그는 운조루 터를 닦으면서 "하늘이 이 땅을 아껴두었던 것으로 비밀스럽게 나를 기다린 것"이라며 기뻐했다고 한다. 운조루라는 이름은 본래 중국의 도연명이 지은 「귀거래사」에서 따온 글귀인데, '구름 속의 새처럼 숨어사는 집'이란 뜻을 지니고 있다. 무려 7년 동안의 대공사를 거쳐서 완공되었다는 운조루가 사람들의 관심을 끄는 이유는, 명당 자리에 집을 지었다는 것도 있지만, 이 건물이 조선 후기의 건축양식을 충실하게 따른 역사적인 유물로서도 훌륭한 가치를 지니고 있기 때문이다. 완공 당시 아흔아홉 칸이었던 운조루는 230여 년이 넘는 세월이 흐르면서 일부는 스러지고 일부는 낡아 오늘날에는 60여 칸만이 전해오고 있다.

마산면에 있는 사도리 상사마을은 명당으로 알려졌다기보다 장수마을로 꽤나 알려진 곳이다. 현재 상사마을에는 70세 고희를 넘긴 노인도 50명이 넘어 환갑을 지낸 노인이라도 여기에서는 아직 창창한 청춘이라 할 수 있다.

이곳 사람들은 장수의 비결로 한결같이 "지리산 약초 뿌리 녹는 물이 다 흘러든다"는 당몰샘을 꼽는다. 조선 말기 의성 김씨 일가가 명당을 찾아 전라도 고을을 떠돌다가 이 당몰샘을 저울로 당몰샘이 건강을 지켜준다는 마산면 사도리 상사마을은 인근에서 장수마을로 널리 알려져 있다.

달아보니 물 무게가 다른 곳보다 많이 나가고 수량 또한 풍부해 이곳에 정착했다고 한다. 이렇게 상사마을의 장수샘이 알려지자 조용하기만 하던 산간 오지마을이 최근 사람들이 심심찮게 찾아오는 관광지로 변모해가고 있다.

봄마다 섬진강 하구에 열리는 재첩밭

섬진강 재첩마을 — 경남 하동군 하동읍 목도리 하저구

간밤에 흩뿌린 달디단 봄비가 잠자던 풀싹을 깨우고, 섬진강을 따라 난 하동 들판을 한껏 푸르게 물들여놓았다. 지리산 얕은 산자락에는 흐드러지게 핀 매화가, 길가에는 폭죽을 터뜨린 듯 벚꽃 망울이 부풀어 하동 포구 80리가 온통 화사한 꽃길 물길이다. 옛 사람들은 하동의 섬진강 물길을 두고 '하동 포구 80리'라 하였다. 이는 바닷길이 열리는 갈사만으로부터 강을 거슬러올라 배가 들어오던 화개나루까지를 일컫는 말이었고, 실제 거리라기보다는 정감의 거리였다. 1930년대에 펴낸 『하동지』 상권에 따르면, 지난날 수만 마리의 금두꺼비가 광양의 섬거로부터 와서 강으로 들어갔기 때문에 강의 이름을 섬진강이라 했다고 한다. 일찍이 하동이 본관인 조선시대의 문관 정여창은 지리산과 섬진강을 바라보며 이렇게 읊었다.

흐늘거리는 창포잎이 바람을 희롱하는데
사월 화개에 보리가 이미 가을이네
두류산 천만봉을 두루 구경하고
외로운 배로 강물 따라 흘러가네.

그때만 해도 섬진강과 바다가 만나는 갈사에서부터 화개골 들머리인 화개나루까지 돛단배가 오르내리는 모습을 만나기란 그리 어렵지 않았을 터이다. 지금이야 댐이란 것으로 위에서부터 아예 섬진강 물길을 가두어 물 깊이가 줄어드는 바람에 배가 오르내릴 수 없지만, 그 옛날의 물길에는 이렇듯 하동 포구 80리의 정감이 유유했으리라. 몇십 년 전까지만 해도 하동은 크게 번성했었다. 진주와 순천, 남해와 하동을 에두르는 남도 4백 리의 중

재첩을 잡을 때는 강물 위에 함지를 띄워놓고, 커다란 훌치기로 강바닥 모래펄을 훑어올려 잡는다.

심이 바로 하동이었다. '하동장' 하면 나라 안에서 다섯 손가락에 꼽힐 정도로 알아주는 장이었고, 주변 여러 지역의 주민들도 하동장 때문에 밥 먹고 산다는 말이 있을 정도였다.

  도로 사정이 좋지 않았던 까닭에 섬진강 뱃길이 지금의 산업도로 노릇을 맡아 했던 것이다. 이 뱃길로 사람들은 소금과 생선, 쌀과 잡곡, 짚신이나 숯, 오지그릇과 같은 물건들을 실어날랐다. 물건을 잔뜩 실은 돛단배가 남해 앞바다로부터 섬진강 물길을 따라 하동장이나 화개장터까지 오르내리는 모습은 그야말로 볼 만한 광경이었을 것이다. 그러나 한국전쟁을 거쳐 1960년대로 접어들면서 하동장은 점차 옛 모습을 잃어갔다. 섬진강을 따라 도로가 생기면서 굳이 섬진강 뱃길을 오르내리지 않아도 되었기 때문이다. 하여 지금은 하동장도 다른 장과 별로 다를 게 없어, 하동 사람들끼리 그냥 그렇게 봄이면 나물전, 가을이면 곡식전을 펼치고 있다.

진안과 장수에서 내리기 시작한 섬진강은 곡성과 구례를 차례로 거쳐 하동에 와서는 화개 골짜기의 물을 다 모아 비로소 물깊이와 폭을 더해 강다운 참모습을 드러낸다. 그리고 바로 강폭이 넓어지는 이곳이 재첩밭 노릇을 톡톡히 하게 된다. 섬진강은 나라 안에서 재첩이 가장 많이 나는 곳인데, 섬진강에서도 재첩이 가장 많이 나는 곳은 바로 하동읍 목도리다. 물 깊이가 적당한데다 바닷물과 민물이 만나는 곳이 바로 이곳이기 때문이다. 재첩은 너무 크게 자라지 않는 것이 좋으며, 그러기 위해서는 물 깊이가 적당해야 한다. '목도'라는 땅 이름에서 알 수 있듯 본래 목도리는 섬이었다. 그런 것이 섬진강물이 실어 나른 흙이 쌓이고 쌓여 뭍으로 변한 것이다.

보통 목도리에서는 꽃길이 열리기 시작하는 3월 중순부터 재첩잡이를 시작한다. 그러나 아무 때나 재첩을 잡는 것이 아니며, 썰물 때를 기다려야 한다. 재첩을 잡을 때는 강물 위에 함지를 띄워놓고, 커다란 홀치기(쇠갈퀴, 그랭이라고도 함)로 강바닥 모래펄을 훑어올려 잡는다. 물론 배가 있는 집에서는 물때와 관계없이 깊은 곳에서 재첩을 잡아 올린다. 이렇게 잡은 재첩은 바구니 얼개미에 담아 체로 거르듯 돌을 걸러내고 재첩만 따로 함지에 담는다. 봄에 섬진강을 따라 내려가 본 사람이라면, 누구나 한 번쯤은 보았을 풍경이다.

"마을에서 한 40가구 정도가 재첩잡이 일

재첩은 간장병과 황달에 좋고, 병을 앓아 약해진 사람의 기운을 돋우는 데 좋다고 한다.

강바닥에서 긁어올린 재첩은 바구니나 얼개미에 담아 체로 거르듯 돌을 걸러내고 재첩만 따로 함지에 담는다.

목도리에서는 배로도 재첩을 잡는데, 재첩잡이를 하는 40가구 중 큰배잡이 3가구, 작은배잡이는 10가구 정도 된다. 나머지는 손재첩잡이를 한다.

을 해요. 큰배로 잡는 기 세 가구, 작은 배는 10여 척 정도요. 이걸 잡으면 인제 부산이고 어디고 상인들이 들어와 수협을 통해 입찰합니다. 식당에서는 아주 삶아서 택배로 지방이나 서울에 보내기도 하고. 옛날에는 섬진강 모래를 안 파재끼니까 재첩이 많았는데, 모래 채취를 하고부터는 산란이 안 돼서 재첩이 벨로 없어요. 바다로 떠니리가꼬 다 죽어삐맀나 봐. 날이 가물며는 이기 또 생산이 잘 안 돼요. 오염이 돼서 그런 것도 있고, 어패류란 것이 갱물의 온도가 안 맞아 삐리면 또 안 되는 기거든." 목도리 하저구에서 어선을 손질하던 김봉원 씨(65)의 말이다.

김씨에 따르면 봄과 달리 여름이 되면 낮에는 재첩잡이를 할 수가 없다고 한다. 날이 덥고 빛을 보면 재첩이 쩍 벌어져버려 상품성이 없어지기 때문이란다. 그래서 여름이면 새벽 4시쯤 나가 오전 9시면 작업을 끝내고 들어온다고 한다. "그리고 또 되나케

나 잡는 게 아이고, 아무나 가서 몬 잡아. 허가를 군청 수산과에서 받은 사람만 잡을 수 있어요." 과거 섬진강 하구를 낀 마을의 아낙들에게는 재첩잡이가 꽤나 짭짤한 가욋돈이었다. 그러나 최근 이들의 벌이를 위협하고 있는 것이 있으니, 중국산 재첩과 양식 재첩이 바로 그것이다. 그렇지 않아도 섬진강 재첩은 그 양이 점점 줄어들고 있어 하동 읍내의 식당이나 재첩 가공점 등에서는 싸구려 중국산이나 양식 재첩을 쓰는 곳이 상당수에 이르고 있다.

과거 부산에서 "재칫국 사이소" 하며 새벽 골목길을 누비던 재첩국 장수의 살가운 목소리를 기억하는 사람이라면, 재첩국의 깔끔하고 시원한 맛을 잊지 못할 것이다. 그러나 낙동강의 오염이 부산에서 재첩을 떠나보냈고, 재첩국 장수의 살가운 목소리조차 들을 수 없게 만들었다. 이제 이 땅에서 재첩이 나는 곳은 탐진강을 낀 강진과 송지호를 낀 강원도 고성, 섬진강을 낀 하동과 광양이 고작인데, 그것마저 중국산 재첩이 자리를 내놓으라 위협하고 있는 형편이다.

그리고 일반인들로서는 어떤 것이 중국산인지 구별할 수조차 없다. 보통 섬진강 재첩이 껍질이 매끈하고 윤기가 나며 황갈색을 띠는 것에 견주어, 중국산은 껍질이 거칠고 윤기가 적으며 색깔도 초록색을 띤 황갈색이라고 한다. 육질도 섬진강 재첩은 연하고 담백한 데 비해 중국산은 질기고 특유의 냄새가 난다고 한다. 예부터 재첩은 간장병과 황달에 좋고, 병을 앓고 난 뒤 약해진 사람의 기운을 돋우는 데 좋다고 하였다. 이러한 효능은 오늘날의 과학적인 영양분석으로도 증명되고 있다. 재첩에는 비타민 비(B)와 베타인과 같은 아미노산이 많이 들어 있는데, 이 같은 아미노산이 해독작용을 함으로써 간장의 기능을 높이고 황달을 낫게 하는 효과를 나타낸다고 한다. 이 밖에도 재첩에는 여러 미네랄과 소화를 돕는 갖가지 효소도 들어 있는 것으로 밝혀졌다. 섬진강 재첩으로는 주로 말갛게 국을 끓여 먹는데, 그 맛이 시원하고 담백해 속을 푸는 데 제격이다. 국 이외에 회무침으로도 많이 먹고 있으며, 국수와 수제비에 넣어 먹기도 한다.

재첩으로 잘 알려진 목도리를 지나면 섬진강은 더욱 강폭을 넓혀 갈사 앞바다로 빠진다. 섬진강이 바다에 와닿는 갈사리는 한때 나라 안에서 김을 가장 많이 내는 곳으로 알려져 있었지만, 섬진대교 너머에 광양제철소가 생기고 갈사리 동쪽에 화력발전소가 생겨나면서 김을 낼 수 없게 되었다. 대신 지금은 굴과 치어 양식으로 옛 명성을 이어가고 있지만, 아무래도 그 옛날의 바다는 아니다. 문명의 발전이 경제적 넉넉함을 가져왔을지는 모른다. 하지만 그것을 위해 문명은 너무 많은 것을 망쳐놓았다. 그것을 아는지 모르는지 섬진강은 그저 말없이 유유하게 흐를 뿐이다. 잘했건 못했건 넘치건 모자라건, 어머니처럼 모든 것을 용서하고, 어머니처럼 모든 것을 품에 안는다. 저기 저 어머니 같은 섬진강을 보라. 모든 것을 품에 안고 바다와 한몸이 되는 섬진강을.

 ## 깔끔하고 담백한 재첩의 맛

재첩을 요리할 때는, 먼저 채취해온 재첩을 2시간 이상 물에 담가 재첩 속에 들어 있는 펄과 모래를 제거한 뒤, 팔팔 끓는 물에 5분 남짓 끓여낸다. 그리고 다시 끓여낸 재첩에 물을 붓고 자작하게 한번 더 끓여 국물을 우려낸다. 재첩국은 이렇게 우려낸 국물에 재첩 살과 부추를 넣고 소금간만 하면 된다. 재첩회는 재첩 살에다 갖은 야채와 고추장 양념을 버무려낸 것으로 입맛에 따라 배를 채썰어 넣기도 하고, 레몬즙을 뿌려 먹기도 한다. 수제비와 국수도 재첩국물로 끓여내면 재첩수제비, 재첩국수가 된다. 재첩은 밑간을 가급적 하지 않고 그냥 멀건 국물에 소금간만 해서 담백하게 먹는 게 제대로 먹는 방법이다. 그래야 재첩 특유의 깔끔하고 시원한 맛을 느낄 수 있기 때문이다.

 여행수첩

　대전-진주 간 고속도로를 타고 가다 진주에서 남해고속도로로 바꿔 탄 뒤, 하동 인터체인지로 빠져나와 19번 국도를 타고 하동읍 쪽으로 올라간다. 하동읍 못 미쳐 왼편으로 내려가면 목도리 하저구다. 전라도 쪽에서 하동에 가려면 구례를 거쳐 19번 국도를 따라 내려가면 된다. 서울에서 5시간, 진주와 구례에서는 각각 1시간 정도가 걸린다. 대중교통은 직행버스가 서울과 부산, 진주와 구례에서 있다. 열차로는 서울(2회)과 부산(4회)에서 각각 갈 수 있으며, 서울에서는 6시간, 부산에서는 3시간이 걸린다. 섬진각호텔(하동읍 광평리) 055-882-4343, 신라호텔(하동읍내) 055-884-4182, 수빈각(하동읍 화심리) 055-883-4440, 파크랜드(진교면 진교리) 055-883-1369, 동흥재첩 055-883-8333, 동흥식당〔재첩국, 재첩회〕 055-884-2257, 단야식당〔녹차국수〕 055-883-1667, 개화식당〔은어회, 참게탕〕 055-883-2061, 쌍계제다 055-883-2449, 화개녹차영농법인 055-882-0595.

화개 십 리 벚꽃길과 쌍계사

'눈 속에서 칡꽃이 피었다'는 뜻을 지닌 화개 땅은 말 그대로 '꽃 피는 땅'이다. 봄이면 매화와 동백, 벚꽃과 배꽃이 화개를 온통 꽃그늘로 덮어버린다. 그래서 예부터 이곳을 '별천지'라는 뜻에서 '화개동천'이라 불렀다. 이중환도 『택리지』에서 화개를 일러 "이천 년의 명승고적이 온 고을에 펼쳐져 있어 지나는 굽이마다 선경 아닌 곳이 없는 모두가 동천이다"라고 하였다. 김동리의 소설『역마』와 얼마 전 가수 조영남 씨가 불렀던 〈화개장터〉라는 노래도 모두 화개를 무대로 하고 있다. 노래에서처럼 화개장터가 시끌벅적하고 없는 것이 없다는 것은 이미 지난 이야기가 되었지만, 벚꽃이 활짝 필 때쯤이면 화개는 그야말로 장터에서부터 쌍계사까지 이어진 꽃길을 따라 사람과 차량의 꼬리가 십 리 물길을 이룬다.

다른 구경

쌍계사는 신라시대 문성왕 때인 844년 혜소가 지은 절로서 '차'의 역사가 서린 곳이다.

'눈 속에서 칡꽃이 피었다'는 뜻을 지닌 화개 땅은 말 그대로 '꽃 피는 땅'으로, 화개 십 리 벚꽃길이 유명하다.

흔히 화개 십 리 벚꽃길이라 불리는 이 꽃길은 실제로는 5킬로미터에 이르는 것으로, 일제시대에 꾸며졌다. 일제시대의 유산이라 마냥 좋아라 할 수는 없지만, 수십 년 된 벚꽃나무 가에는 웃자란 보리 물결이 넘실거리고, 보리논 너머로는 푸른 차나무 이랑이 산등성이를 타고 오르는 모습을 만날 수 있어 굳이 벚꽃길이 아니더라도 쌍계사에 이르는 십릿길에서 마냥 향긋한 봄 냄새를 맡을 수 있을 것이다.

십 리 벚꽃길이 끝나는 곳에서 만나게 되는 쌍계사는 화개천을 가로지르는 쌍계다리 너머에 자리하고 있는데, 들머리 큰 바위에는 최치원이 썼다는 '쌍계석문'이라는 글씨가 있고, 매표소를 지나면 왼편 숲속에 대렴이 이 땅에 차를 가져온 것을 기리는 커다란 비석이 있다. 『삼국사기』에는 "대렴이 차의 씨앗을 가져왔으므로 왕은 이를 지리산에 심게 하였다" 하고 "차는 선덕왕 때부터 있었지만 이때에 이르러 성했다"고 적어놓았다. 이러한 기록에 따라 뒷날 다산 정약용은 쌍계사가 자리한 화개를 '차의 시배지'라 하였다. 순조 때의 명승 초의선사도 "화개동에 차나무가 나 있는 지역은 40~50리나 되므로 차숲, 차밭으로는 이곳보다 더한 곳이 없으며, 이 작설차는 천하에 제일 가는 차다"라고 하였다.

  본래 쌍계사는 신라시대 문성왕 때인 844년 혜소가 지은 절로서 처음에는 옥천사라 했으나, 같은 이름을 가진 절이 가까운 진주에 있어 쌍계사라 고쳐 불렀다. 임진왜란 이후 이 절은 여러 차례 불이 났지만, 옛날 진감선사 혜소와 최치원, 서산대사의 자취가 서린 성스러운 곳이라 오늘날까지 대가람의 모습을 이어오고 있다. 절 안에는 국보 제47호인 '진감선사대공탑비'가 있는데, 이는 혜소가 입적한 뒤 헌강왕이 내린 '진감선사'라는 시호에 따라 정강왕이 최치원에게 비문을 짓도록 하여 세운 것으로, 전해오는 우리나라의 금석문 가운데 으뜸으로 평가받고 있다. 그러나 임진왜란 때 왜병에 의해 탑비는 금이 갔으며, 1936년 지진으로 인해 일부 해를 입었고, 한국전쟁 때도 총상을 입어 일부가 떨어져나갔다. 이런 이유로 비문은 읽을 수 없는 부분이 많지만, 조선시대 때 전문을 목판에 옮겨 새긴 것이 보존되어 있어 비문의 내용은 고스란히 전해온다. 진감선사 혜소는 선을 배우러 당나라에 들어갔다가 26년 만에 돌아올 때 불교음악인 범패를 가지고 들어왔다. 이 범패는 인도의 불교음악이었는데, 신라에 들어온 이후 우리나라 불교음악에 커다란 영향을 끼쳤다.

다른 마을

우리나라 차의 시배지, 화개 차마을

화개골 사방에는 산비탈마다 어울더울 차밭이 펼쳐져 있는 모습을 볼 수 있다. 화개에는 예부터 차를 만들어 바치는 차소가 있었으며, 학자들 사이에서는 이곳이 차의 시배지로 여겨져왔다. 화개골 곳곳에 펼쳐진 야생 차밭은 일제시대의 벌목과 한국전쟁 때의 피해에도 아랑곳없이 지금도 끈질긴 생명력으로 50여 리에 걸쳐 뻗쳐 있다. 물론 전라남도 보성에 있는 어마어마한 차밭에 견주어보면 이곳의 차밭은 뙈기밭이나 다름없지만, 그래도 하동 차밭을 알아주는 것은 대부분이 천 년 넘게 이어 자라온 야생 차밭이라는 점이다.

초의선사는 화개에서 나는 우리나라 차가 중국의 차보다 맛이 뛰어나다고 했으며, 추사 선생도 화개차가 중국의 차보다 질이 낫다고 하였다. 이렇게 화개차의 품질이 뛰어날 수 있었던 것은 아무래도 지리산과 섬진강이 가져온 독특한 지세와 기후 때문이다. 낮 동안 햇빛을 받아 뜨거워진 땅기운이 저녁때면 높은 산 위에서 쏟아지는 찬 기운으로 인해 금세 땅거죽이 식고, 아침이면 섬진강 큰물에서 스멀스멀 안개가 올라와 골 안을 싸고 돌며 자연스럽게 그늘을 만들어주는데, 이러한 조건이 차나무가 자라기에는 더없이 좋은 환경이 되는 것이다.

보통 차나무는 연평균 기온이 12~18도, 강우량은 1천5백~2천4백 밀리미터에서 잘 자라며 영하 5도 밑으로 날씨가 떨어지면 해를 입는 것으로 알려져 있다. 이런 조건으로 보자면, 화개의 연평균 기온이 약 14도이고 연평균 강우량이 1천5백30밀리미터 정도이니 차가 자라기에는 더없이 좋은 환경이라 할 수 있다. 토질

화개에는 예부터 차를 만들어 바치는 차소가 있었으며, 차의 시배지로 알려져 있다.

에서도 땅 깊이가 깊고 자갈이 적당히 섞인 땅이 차가 자라기에 좋다고 하는데, 화개가 바로 그러하다. 차나무는 햇빛을 너무 많이 쪼이면 쓰고 떫은맛이 나게 된다. 그러나 화개골은 지리산 큰 산자락이 반 음지 노릇을 해 차나무에 적당한 햇빛만을 쪼이게 하니, 질 좋은 차가 나올 수밖에 없는 것이다. 이렇게 좋은 땅에서 잘 자란 화개차는 그 빛깔이 빼어나고 향기와 맛이 어린아이 젖 냄새 같다고 하여 사람들은 '유차'라고도 불렀다.

  화개에서는 보통 곡우 무렵에 차를 딴다. 한 잎 한 잎 딴 차는 장작불을 땐 가마솥에서 타닥타닥 소리가 날 정도로 덖다가 찻잎이 고슬고슬해지면 찻잎을 건져내 왕골자리나 멍석에 펴놓고 찻잎이 돌돌 말리도록 비빈다. 이때 너무 세게 비비면 으깨져서 차를 달였을 때 가루가 많이 나오며, 너무 약하게 비비면 차맛이 제대로 우러나지 않는다. 다 비비고 난 찻잎은 서로 엉겨붙지 않도록 털어준 다음 섭씨 30~40도의 건조실에서 대여섯 시간 정도 말렸다가 도로 가마솥에 넣어 맛내기를 한다. 이 맛내기 작업은 은은한 불에 찻잎을 골고루 덖어주는 것으로, 차맛을 결정하는 중요한 과정이다. 맛내기 작업까지 끝나면 차 만들기는 끝난 셈인데, 마지막으로 2시간 정도 충분히 식혀 불 냄새를 없앤 뒤 포장을 하면 모든 과정이 끝나게 된다.

하동 사람들은 차를 주로 음료가 아닌 약으로 썼다. 아이들이 피부병에 걸리면 찻물로 목욕을 시켰으며, 피부병이나 동상, 무좀에는 찻물로 뜸질을 했다. 차멀미를 할 때도 녹차를 씹어 멀미를 물리쳤다고 한다. 데치거나 우려먹은 후의 찻잎으로는 나물을 무쳐 먹었으며, 잎을 갈아서 떡을 만들거나 죽을 끓이고 국수 등에 넣어 먹었다. 이렇게 찻잎을 음식에 넣으면 특유의 차 색깔이 우러나 식욕을 돋우며, 차향이 어우러져 더욱 맛이 있다고 한다. 찻잎 말고도 차 열매로는 기름을 짜는데, 하나의 열매에는 두세 개 정도의 까만 씨앗이 들어 있고 이 씨앗만을 모아서 기름을 짠다. 그러나 이 차기름은 쓴맛이 나므로 음식에 직접 쓰기보다는 부침을 하거나 튀김 기름으로 사용했다. 과거에는 담배 대신 찻잎을 말아 피웠다는 이야기도 있다.

천년 안동포의 맥을 이어가는 마을

안동포마을 | 경북 안동시 임하면 금소리

금소리에서는 안동포를 짜는 집이 모두 60~70여 호에 이른다.
신라시대부터 금소리는 안동포의 본고장으로 널리 알려져 있었다.

길게 늘어뜨린 삼베올처럼 구불구불한 길이 금소리까지 이어져 있다. 경북 안동시 임하면 금소리. 1천 년 안동포의 맥을 이어가는 안동포마을이다. 마을에 들어서자 어떤 집에서는 빨랫줄에 치렁치렁 삼베 실타래를 빨래처럼 널어놓았고, 어떤 집에서는 벌써 베짜기를 하는지 살캉살캉 베틀 소리가 들려왔다. 금소리는 꽤나 큰 마을이어서 가구수가 2백여 호나 되는데, 안동포를 짜는 집은 모두 60~70여 호에 이른다고 한다. 마을의 3분의 1 정도가 안동포를 짜는 그야말로 안동포의 본고장인 셈이다.

역사적으로 볼 때 안동포는 신라 때부터 그 이름이 널리 알려졌는데, 당시부터 금소리는 바로 그 중심에 서 있었다. 신라시대

안동시 임하면 금소리. 1천 년 안동포의 명맥을 이어가는 마을이다.

에는 이곳에서 나는 안동포로 화랑도의 옷을 해 입었다고 하며, 조선시대에는 궁중에 진상품으로 바칠 정도로 이름을 떨쳤다. 이런 전통은 지금까지도 이어져, 안동포 하면 금소리 삼베를 으뜸으로 친다. 안동포의 본고장답게 안동포 무형문화재 기능보유자인 배분령 할머니(98)와 그의 며느리인 후보자 우복인 할머니(73)도 마을에서 만날 수 있다. 배분령 할머니는 15세 때부터 베를 짜기 시작해 80여 년 동안 안동포의 전통을 지켜왔지만, 최근 건강이 좋지 않아 가끔씩 앉아서 삼을 삼는 정도의 일만 하신다고 한다. 평생을 안동포와 함께 살아오신 탓에 아직도 삼베 일에 아주 손을 떼지는 못하고 계신 것이다.

이제 배분령 할머니가 평생을 바쳐온 안동포 짜기의 몫은 고스란히 며느리 우복인 할머니가 물려받았다. 우복인 할머니가 처음 안동포 짜기를 시작한 것은 17세 때다. 16세 때부터 무명짜기를 시작해 17세 때부터 안동포 짜기를 함께 했단다. "이게 무명보다 훨씬 심들어요. 그래도 전에는 이거 해서 아덜 대학공부 시키고 다 했잖아요. 심들여 짜도 사람덜은 비싸다 카는데, 과정을 보면 이게 고생고생 말도 못 해요." 그에 따르면 금소리에서 안동포 짜기의 시작은 1월부터 시작된다. 삼베의 재료가 될 대마 재배와 뿌릴 삼씨의 양을 신청해서 허가를 받아야 하는 시기가 이때다. 보통 삼씨는 3월 정도에 뿌려 6~7월에 삼대를 벤다. 금소리의 토양은 모래가 적당히 섞인 사질토여서 대마 재배에는 더없이 좋은 토양조건을 지니고 있

안동포의 재료가 되는 삼겹질. 이것을 일일이 손톱으로 째서 한올 한올 삼가닥을 이어야 삼실이 된다.

다. 전국에서 대마 재배를 가장 많이 하는 곳도 바로 금소리를 비롯한 임하면이다. "우리도 작년까지는 20여 마지기 삼농사를 짓는데, 올해는 영감님이 다리가 아파서 마을에서 같이 갈은 거를 했어요."

　삼대를 베고 나면 본격적인 안동포 짜기의 과정이 시작된다. 베어낸 삼대는 '삼굿'이라는 커다란 쇠가마에 넣고 찌는데, 이는 과거 물가에 구덩이를 파고 불때는 아궁이를 따로 내어 만든 전통적인 삼굿(본래 '삼굿'은 '삼을 쪄내는 구덩이'를 뜻한다)보다는 한결 간편해진 것이다. 이렇게 쪄낸 삼대는 껍질 벗기기(껍질 훑기) 과정을 거친 다음 바래기와 삼째기를 한다. "이래 껍질 벳기가꼬 물에 한참 당가놨다가 또 한 번 껍질(겉껍질) 벳겨서 인제 밤이슬

안동포 무형문화재로 지정된 배분령 할머니가 삼가닥을 잇는 삼삼기를 하고 있다.

맞혀가며 볕에다 말려요. 베는 볕에 바래야 퍼뜨그리한 색이 나오. 이걸 다시 물에 담가놨다가 손톱으로 째가지고 이빨로 곱게 또 째서 이래 무릎에다 놓고 삼아요." 껍질 벗기기부터 삼째기까지의 과정 속에도 자잘한 과정들이 더 숨어 있는 셈이다.

삼삼기 과정은 째기를 끝낸 삼 가닥을 한올 한올 이어서 실로 만드는 과정인데, 삼베짜기의 과정 중 가장 힘든 과정이기도 하다. "방 안에서 잇는 거, 그게 제일 심들어요. 손톱으로 입술로 하니까 다 부르터지고, 꾸득살이 베기고, 한 3일 정도 삼으면 무릎에서 피가 나. 이걸 해놓으면 한시름 놓지 인제." 삼삼기가 끝난 삼실은 서숙짚 잿물에 넣어 담금질(잿물 이기기, 탈색 과정) 과정을 거치지만, 요즘에는 공장에 맡겨 탈색을 해오기도 한다. 이렇게 잿물로 잡색을 뺀 삼실은 새(1새에 80올, 새가 높을수록 촘촘하고 고운 베가 나온다)를 맞춰 베날기를 한다. 베날기는 새수에 따라 날실의 올수를 맞추어 한 올 한올 바디(날실틀)에 끼우는 과정으로 보통 2명 이상이 필요한 작업이다.

이어지는 베매기 과정은 삼실에 풀을 먹이고 도투마리(날실 감는 판)에 감는 과정이다. 풀을 먹일 때는 좁쌀풀을 많이 쓰는데, 이는 좀더 탱탱하고 질긴 삼실을 얻기 위함이다. 이렇게 여러 과

금소리에서는 따로 따로 집에서 작업을 하기도 하지만, 이렇게 모여서 공동으로 삼을 삼고, 날기와 매기를 한다.

삼삼기를 해서 나온 삼베실. 군데군데 실잇기를 한 이음새를 볼 수 있다.

정을 거친 뒤에야 비로소 삼실을 베틀에 걸고 베를 짜게 된다. 삼씨 뿌리기—삼대 베기—삼굿에 찌기—껍질 벗기기—바래기—삼째기—삼삼기—담금질—새 맞추기—베날기—베매기—베짜기. 커다란 과정만도 열두 과정을 거쳐야 한 필의 안동포가 나오는 것이다. "안동포로 옷을 해놓으면 색깔도 노리하고 고와요. 다른 포도 많지만 안동포가 훨씬 질기고, 장마철에 입어도 몸에 붙지 않고 좋아요." 우복인 할머니의 말처럼 안동포는 올과 색이 곱고 피륙이 질겨 오래 입을 수 있다고 한다.

 안동포를 최고의 수의로 꼽는 까닭도 그 때문이다. 마지막 가는 길에 입는 옷이기에 곱고 귀하고, 정성이 가득한 안동포를 망자에게 입히고 싶은 것이리라. 물론 삼베라는 것이 바람을 잘 통하고 방충성이 강해 예부터 망자에게 수의로 입혀왔지만, 안동포는 여기에 멋과 고급스러움을 더했던 것이다. 그러나 언제부턴가 안동포의 명성도 싸구려 중국산에 밀려나고 있는 실정이다. 안동포는 새가 고운 10새의 경우 한 필에 1백20만~1백30만 원에 달하고, 수의로 많이 쓰는 6~7새의 경우도 한 필에 50만~60만 원 선이다. 이에 반해 중국산은 안동포의 10분의 1 가격도 되지 않아 가격경쟁이 되지 않는다. 중국산이 이처럼 싼 것은 품질이 형편없기 때문이다. 면과 베를 섞어서 짜낸 것도 있고, 모시와 섞거나 모시를 삼베로 속여 파는 것도 있다.

 안동포로 만든 옷은 땀이 차도 몸에 달라붙지 않는 반면, 중국산은 몸에 척척 감기고 달라붙는다. 또 안동포는 삼베옷만의 깔깔함과 시원함을 오래 유지하는 반면 중국산은 한 번만 빨아도 옷감이 퍼드러지고 만다. 물론 질김에서도 큰 차이가 있어 중국산은 몇 번 입고 나면 해지거나 못 입게 되는 경우가 허다하다. 안동포가 비싼 것은 전 과정이 수작업으로 이루어지는 순수 수제품이기 때문이다. 여기에는 정성과 땀과 눈물이 고스란히 배어 있다. 1천 년 동안이나 손에서 손으로 전해진 전통과 솜씨가 올올이 스며 있다. 공장에서 기계만 돌리면 척척 뽑아져 나오는 옷가지들과 안동포는 애당초 같을 수가 없는 것이다.

"지끔 안동포 짜는 사람덜이 다 60세가 넘은 사람들이요. 50세 넘는 사람도 한두 명 될까 말까예요. 거기다 옛날 베틀 쓰는 사람은 우리 집밖에는 없어요. 신식 베틀이 났기 때문에 지끔은 다 그거 써요." 우복인 할머니의 푸념 섞인 이 말은 서글픈 안동포의 현실이고, 금소리의 현실이다. 옛 베틀이 개량 베틀로 바뀌는 것이야 어쩔 수 없다손 치더라도 더 이상 후손들이 안동포 짜는 일을 하지 않으려 하니, 60세 이상 된 노인들이 떠나고 나면 금소리도 더 이상 안동포마을로 불릴 수 없을 것이다. 1천 년 동안 이어온 안동포의 전통도 끝나게 되는 것이다.

모든 것이 '빠르게' 돌아가는 세상에 옷감 한 필 만들자고 1년 넘게 잡다한 과정을 다 하고 정성을 들여야 하는 안동포 짜기는 어쩌면 지금의 이 속도전 세상과는 어울리지 않는 한발 '느린' 우보(느린 걸음)일 수 있다. 그러나 모두가 빨리 간다고 빨리 갈 필요가 있을까. 빨리 달려온 지금의 현실을 보라. 빨리 만들어 빨리 무너진 성수대교와 삼풍백화점을 보라. 빨리 얻으려고 주식에 종자돈을 갖다 바치고 빠르게 빈털터리가 된 사람들을 보라. 빨리

베를 짤 때는 짚신을 신고 신나무와 연결된 신끈을 잡아당기며 짠다. 베틀노래에도 "짚신일랑 발에 걸고 북바디집 마주 잡고"라는 구절이 나온다.

배분령 할머니의 며느리인 우복인 할머니(안동포짜기 기능전수자)가 베틀에 올라앉아 안동포를 짜고 있다.

달리고자 만든 도로에서 오히려 빨리 가지 못해 빵빵거리는 자동차들을 보라. 어쩌면 우리는 너무 빨리 달려왔다. 뒤를 돌아볼 새도 없이 달려왔으니, 이제는 한 번쯤 뒤를 돌아볼 때다. 이제는 천천히 만들더라도 빈틈없이 만드는 것이 빨리 만들어 빨리 망하는 것보다 훨씬 중요하다.

 여행수첩

  안동포마을 금소리에 가려면 중앙고속도로 안동 인터체인지로 빠져나와 34번 국도를 타고 안동읍까지 가서 우회전, 5번 국도를 타고 다리를 건넌 뒤, 임하면 쪽으로 이어진 35번 국도를 타고 가다 보면 임하호 쪽으로 금소리가 보인다. 먹을 데와 잘 데는 안동읍과 하회마을 쪽에 많다. 전통 민박 수애당(임동면 수곡리) 054-822-6661, 지례예술촌(임동면 박곡리) 054-822-2590, 054-857-5553, 초가농원 민박(안동댐 동악골) 054-856-7156. 민속음식점 옛고을(헛제사밥, 손칼국수) 054-821-0972, 민속음식점 산수(헛제사밥) 054-821-6337. 안동포는 안동시 안흥동 '베전골목'에서 구입할 수도 있으며, 금소리 우복인 할머니 댁(054-822-0011)을 찾아도 된다.

다른 구경

도산서원과 이천동 석불상

　도산면 토계리에 위치한 도산서원(사적 제170호)은 퇴계 이황 선생을 향사(享祀)하는 곳으로, 1576년에 지어졌다. 당시 도산서원이라는 편액은 명필 한호가 썼다고 한다. 퇴계 선생은 본래 서원이 들어선 자리에 도산서당을 짓고 후학을 양성했는데, 지금의 도산서원은 선생이 타계한 뒤 이 서당을 중심으로 세운 것이다. 서원 안에는 도산서당을 비롯하여 농운정사와 하고직사, 전교당, 박약재와 홍의재, 장판각, 상고직사, 상덕사, 전사청 등의 건물이 들어서 있다.

　한편 안동시 이천동에 자리한 이천동 석불상(보물 제115호)은 고려시대의 마애석불로, 제비원 암자에 있어 '제비원 석불'이라 불리기도 한다. 이 석불상은 암벽에 몸을 새겨넣고 얼굴과 머리 부분은 각각 따로 조각하여 올렸는데, 얼굴상은 전체적으로 매끈한 질감을 띠고 있는 반면 머리 부분은 다듬지 않은 듯 거칠게 표현되어 있다. 또한 몸은 바위 전체를 이용한 탓에 얼굴에 비해 비대해 보이지만, 그 때문에 더욱 안정감 있는 모습을 보여준다. 눈과 코와 입술의 표현도 생생하고 치밀한 편이며, 바위에 그대로 새긴 옷주름은 마치 도포를 넓게 펼친 듯 '넓은 법의'를 표현하고 있다. 이처럼 암벽에 불신을 새기고 불두를 따로 얹는 형식은 고려시대 특유의 양식이라 할 수 있다.

이천동에 자리한 이 석불상은 고려 때의 마애석불로, 제비원 암자에 있어 '제비원 석불'이라 불리기도 한다.

삼척에는 강포마을이 있다

안동에 안동포가 있다면 삼척에는 강포가 있다. 같은 삼베지만 안동에서 나는 것은 안동포, 강원도에서 나는 것은 강포라 불렀는데, 과거 가장 알아주던 삼베가 바로 안동포와 강포였다. 삼척에서도 강포를 많이 내는 곳으로는 미로면 고천리와 하장면 갈전리, 노곡면 상반천과 하반천리를 꼽을 수 있다. 삼척에서는 보통 음력 3월 보름께 삼씨를 뿌려 오뉴월에 김을 매고, 7월에 삼을 벤다. 삼을 삶는 가마는 '삼굿'이라고 부르며, 물가에 구덩이를 파고 불을 땔 수 있는 구멍을 따로 내어 만든 뒤 삼을 삶아낸다. 삼을 찌는 과정은 먼저 2미터 정도로 구덩이를 판 다음, 주춧돌을 놓듯이 돌을 중간중간 놓고, 돌 위에 통나무를 걸쳐 삼을 얹어놓은 뒤 그 위에 풀이나 소나무 가지를 베어다 덮는다. 통나무 아래에는 어느 정도 나무를 태우고 나서 그 위에 주먹만한 돌을 올려놓고 불을 때 돌을 달구는데, 이때 돌이 다 달구어지면 흙을 가져다 돌 위에 퍼붓고 꼬챙이로 여기저기 구멍을 낸다. 그 구멍에다 물을 붓고 덮는 것을 되풀이하면, 돌에서 나오는 김으로 삼이 쪄지게 되는 것이다.

이렇게 쪄낸 삼은 껍질을 벗긴 다음 묶어서 응달에 걸어 말리며, 삼이 노랗게 빛이 나면 15~20일 정도 마를 때까지 놔두었다가 커다란 실뭉치처럼 뭉치를 만들어 넣어둔 뒤, 겨울에 삼을 삼게 된다. 삼을 삼는 일이 끝나면 돌개지로 실을 잣는 과정을 거쳐 가마에 양잿물을 풀어 담금질을 한다. 양잿물로 삶은 삼실은 다시 마당에 놓고 마른 재를 훌훌 뿌린 뒤 툭툭 털어 '실굿'이라는 구덩이로 가지고 가서 서숙짚과 재 위에 싸 동여놓는다. 그런 다

강포는 강원도에서 생산되던 삼베를 일컫는데, 삼척시 하장면 갈전리와 노곡면 반천리가 대표적인 강포마을이다.

음 한 3일 정도 지나 찬물에 실을 헹구어내며, 이렇게 잿물을 뺀 실은 둥지에 자꾸 눌러 담아 친친 동여 묶어놓았다가 바람이 불지 않는 날 베날기와 베매기를 하여 도투마리에 실을 감고 베를 짜기 시작한다. 베 짜는 과정은 안동포와 별로 다를 것이 없지만, 돌개지로 실을 잣는 과정을 두 번씩 하고, 잿물을 이기는 담금질 과정을 여전히 수작업으로 하고 있다는 것이 안동포와 다른 점이다.

우리나라에는 아직 삼베마을이 많이 남아 있다. 전남 보성에도 대규모 삼베마을이 있고, 강원도 정선에도 마을의 상당수가 삼베짜기를 하는 삼베마을이 있다. 이 밖에도 전남 곡성과 경북 봉화, 경남 남해에는 삼베마을로 불릴 정도로 대규모는 아닐지라도 전통적인 방법으로 삼베를 짜는 마을이 더러 남아 있다.

제2부 여름 마을

■ **제주 갈옷마을**
제주도 남제주군 표선면 성읍리

담양 죽물마을
전남 담양군 담양읍 향교리, 객사리

경주 비단마을
경북 경주시 양북면 두산리

한산 모시마을
충남 서천군 한산면 동산리

태안 해옥마을
충남 태안군 소원면 파도리

비금도 천일염마을
전남 신안군 비금면 구림리, 덕산리

띠집과 감귤밭에 일렁이는 갈옷 물결

제주 갈옷마을 | 제주도 남제주군 표선면 성읍리

많은 민속유물과 볼거리로 넘쳐나는 성읍마을은 갈옷을 만들고 파는 집이
모두 16곳에 이르러 제주에서는 '갈옷마을'로 널리 알려져 있다.

산험해악(山險海惡). 산은 험하고 바다는 사납다. 옛날 사람들이 제주를 두고 표현한 말이다. 이는 아마도 화산섬인 제주도가 지형적으로 높은 한라산을 품고 있는데다 오름과 봉우리가 많고, 언제나 바람이 심해 고요한 바다를 만나기 어려운 자연환경에서 비롯된 말일 터이다. 흔히 제주를 가리켜 돌과 바람과 여자가 많은 삼다(三多)의 섬이라고 하는데, 이 또한 '산험해악'과 일맥상통하는 말이다. 화산섬이라는 환경은 제주를 돌이 많은 척박한 땅으로 만들었으며, 태풍의 길목에 자리한 탓에 늘 바람의 피해를 벗어날 수 없었다. 그러니 바다로 고기잡이를 떠난 남정네들의 희생도 많을 수밖에 없었고, 이는 자연스럽게 제주의 여자들을 험난한 생활전선으로 내몰아 남편 없는 가장으로 만들었다.

게다가 제주는 뭍으로부터 멀리 떨어져 있다. 이런 환경과 지리적 여건은 제주만의 독특한 생활풍속을 만들어냈으며, 아직까

성읍리 돌하르방 옆에서 마을 아이들이 공놀이를 하고 있다. 성읍에는 모두 12기의 돌하르방이 남아 있다.

지도 면면이 이어져 제주 땅 곳곳에 숨결을 유지해오고 있다. 그 대표적인 곳이 바로 남제주군 표선면 성읍리다. 민속마을로 널리 알려진 성읍리는 조선시대 약 5백여 년 동안 현청 소재지였던 바, 아직도 마을에는 조선시대 읍성의 원형이 비교적 잘 보존되어 있다. 성읍에는 모두 3백여 가구가 살고 있는데, 대부분의 집들은 집줄(매, 얼개)을 그물처럼 둘러친 샛집이며, 마을에는 모두 12기의 돌하르방과 안할망당을 비롯한 여러 채의 당집과 10여 군데에 이르는 연자마(연자매), 옛 원형을 간직한 돗통시, 방사탑, 올렛담이 남아 있어 제주도 옛 산간마을의 정취를 고스란히 느낄 수 있다.

성읍리에서 볼 수 있는 방사탑. 돌하르방이 뭍에서의 장승 노릇을 한다면, 방사탑은 솟대 노릇을 한다.

성읍마을에서 가장 눈길을 끄는 것은 역시 즐비하게 들어선 샛집이다. 샛집은 제주에서 흔히 띠집이라 불리는데, 집집마다 집줄을 지붕에 둘러친 것은 심한 바람에 지붕이 날아가지 않도록 하기 위한 방편이었다. 흔히 지붕은 그 지역의 산세를 닮는다고 하는데, 성읍의 샛집은 멀리서 보면 마치 주변의 오름처럼 둥글둥글하고 완만하다. 또 바람과 비가 많은 탓에 마을의 샛집에서는 차양처럼 생긴 풍채(비가림막)를 흔하게 볼 수 있다. 집안에는 아직도 돗통시(똥돼짓간)와 쇠막(외양간), 연자마를 둔 집이 꽤 많고, 거의 대부분의 집에서 대문을 대신하는 정주석과 정낭을 볼 수 있다.

갈옷마을인 성읍리에서 흔하게 볼 수 있는 띠집. 바람 탓에 지붕마다 집줄을 그물처럼 매어놓았다.

성읍마을에서는 제주도만의 독특한 생활도구도 많이 남아 있다. 그 대표적인 것이 물허벅과 애기구덕, 촘항(새촘이라고도 함)이다. 물허벅은 등짐용 물항아리이며, 촘항은 빗물을 받아 보관하는 항아리를 가리킨다. 물이 귀한 제주에서는 예부터 처마 밑이나 큰 나무 아래 촘항을 두고 빗물을 받아놓은 뒤 물허벅으로 날라다 식수로 썼다. 고인 물이어서 쉽게 썩을 것 같지만 촘 받은 물은 몇 달씩 묵혀도 썩지 않는다고 한다. 그러나 혹시라도 썩은 물인지 아닌지를 가리기 위해 촘항에는 개구리를 기르는 경우가 많았으며, 만일 기르던 개구리가 죽으면 썩은 물이므로 버리고 다시 받았다. 애기구덕도 제주 여인네의 억척스러움을 잘 드러내주는 도구였다. 애기구덕은 대나무로 만든 아기 요람인데, 이제는 쓰임이 다한 상태다.

현재 성읍에는 제주의 상징물이나 다름없는 돌하르방이 12기나 남아 있다. 돌하르방은 뭍에서의 장승 노릇을 하는 것으로, 주로 성문 앞이나 마을 들머리에 세워졌다. 가슴에 얹은 손을 자세히 보면 어떤 것은 왼손이, 어떤 것은 오른손이 위로 올라와 있는 것을 볼 수 있는데, 이를 두고 오른손이 올라온 것을 문인석, 왼손이 올라온 것을 무관석으로 보기도 한다. 또한 성읍에는 뭍에서의 솟대 노릇을 하는 방사탑도 만날 수 있다. 방사탑은 마을의 안녕을 기리고 액운을 떨치기 위해 풍수가 허한 곳에 쌓아올린 원뿔 모양의 돌탑을 가리킨다. 이런 방사탑은 성읍리를 비롯해 제주도 곳곳의 마을에서 아직은 흔하게 만나는 풍경이다.

　이토록 가치 높은 민속유물과 볼거리로 넘쳐나는 성읍마을은 갈옷을 만드는 집과 파는 집이 모두 16곳에 이르러 갈옷마을로도 통한다. 특히 갈옷 염색을 들이는 여름철에 성읍마을을 찾는다면 샛집 마당 빨랫줄에서 펄럭이는 갈옷천과 풋감을 으깨어 천에 물을 들이는 염색 과정을 쉽게 구경할 수 있을 것이다. 갈옷은 제주 특유의 노동복으로, 성읍마을 사람들은 지금도 상당수가 이를 평상복으로 즐겨 입고 있다. 제주에서는 갈옷을 갈적삼(저고리) 또는 갈중이(바지, 남자옷)라고도 불렀다. 제주 사람들이 언제부터 갈옷을 만들어 입었는지는 정확하지 않다. 다만 몇몇 기록에 따르면 옛날에 어부들이 낚싯줄을 질기게 만들기 위해 돼지피나 소피를 칠하거나 풋감즙으로 물을 들였다는 이야기가 전하고 있어 감물 염색이 이미 오래전부터 있어 왔음을 알 수 있다. 또한 제주도에서 출토된 3백50여 년 전의 면직물에서 감물로 염색한 옷이 나와 그 전부터 갈옷이 있었음을 짐작할 수 있다. 이로 미루어보아 최소한 조선시대 때부터는 제주에서 갈옷을 입었던 것으로 추정된다.

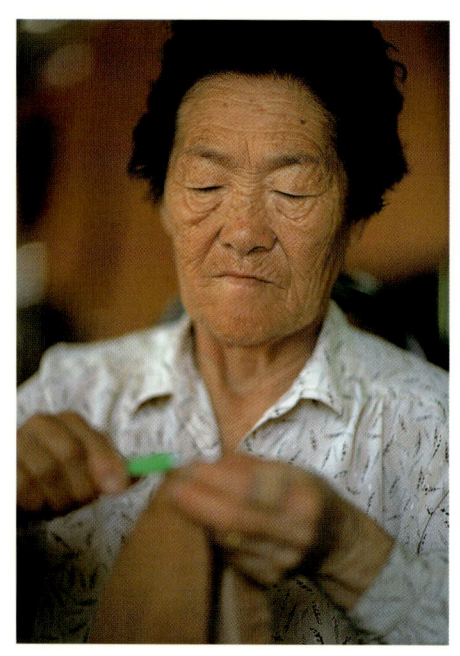

20년 넘게 갈옷을 만들어 온 갈옷장인 김을정 할머니가 갈옷을 만들고 있다.

다 알다시피 갈옷은 풋감을 으깨어 나온 풋감즙으로 물들인 옷이다. 그러나 풋감이라고 해서 무조건 사용하는 것은 아니다. 주로 감물로 쓰는 풋감은 조생종 재래감이며, 일반적인 재배감은 감물을 들인다고 해도 염료의 색상이 약하게 배어 염색재료로는 그리 적당하지가 않다. 또 같은 재래감일지라도 그 종류에 따라 '탄닌' 함유량이 달라 색상도 조금씩 차이가 난다. 보통 감물은 풋감이 나는 7~8월에 들이는데, 이때 풋감을 채취해 냉장고에 넣어두었다가 이듬해까지 쓰기도 한다. 감물을 들일 때는 먼저 깨끗이 세탁한 옷이나 원단을 준비하고, 채취한 풋감을 돌절구(분쇄기에 갈아내면 검은색이 너무 많이 나온다)에 곱게 으깬 뒤, 거기서 나온 찌꺼기를 망사자루에 넣고 함지박에 감즙을 우려낸다.

이렇게 우려낸 감즙은 물을 10퍼센트쯤 첨가하여 옷감을 꾹꾹 눌러주며 염색을 한다. "옛날에는 생감을 방망이로 으깨어 다 손으로 했어. 감이라는 것이 너무 덜 익어도 감물이 안 나요. 너무 익어버리면 또 붉은색이 나와. 전통을 이어가며 해야 허는디 더러는 염색약 섞어서 허는 데도 있어. 지금은 육지에서도 허는 사람이 많으니까, 이제는 잘 팔지를 못해." 마을에서 만난 김을정 할머니(80)의 말이다. 할머니는 갈옷 장인으로 20년 넘게 갈옷을 만들어왔다고 한다. 그러나 지금은 갈옷이 잘 나가지 않는데다 워낙에 힘든 일이어서 점차 갈옷 만들기에서 손을 놓아가고 있는 실정이다.

감물이 잘 든 옷감은 이제 빨랫줄에 잘 펴서 햇볕에 널어 말린다. 이때 발색이 잘 되어야 고운 색이 나오는데, 말리는 동안 물을 골고루 뿌려주거나 적셔주면 훨씬 진한 색을 얻을 수 있다. 또 염색한 옷감은 앞면과 뒷면을 교대로 건조시켜야 색상의 차이가 없다. 보통 옷감의 건조와 발색 과정은 날씨가 좋은 여름인 경우 3~4일, 햇볕이 약한 날에는 7~10일 정도가 걸리며, 발색이 끝난 옷감은 손으로 잘 펴서 개어놓는다. 갈옷은 다림질을 하면 변색이 되거나 색이 약해져 좋지 않다고 한다. 감물 염색은 처음 옷감에 들여놓으면 물을 들였는가 싶을 정도로 색상이 뚜렷하지 않지만 '발림(햇빛에 널어 발색시키는 것)'이 계속될수록 황토빛 혹은 연한 갈색을 띠게 된다. 또한 염색하기 전에 부드러웠던 옷감은 발림이 다 끝나면 약간 뻣뻣한 옷감으로 변한다. 그러나 이렇게 뻣뻣한 옷감은 옷을 지어 여러 번 빨아 입다보면 저절로 부드러워지고 색상도 부드러운 갈색으로 변한다.

15년째 갈옷을 만들어오고 있는 홍태선 씨 집에서 감물 염색과 발리기가 한창이다. 옷감 하나에 감물은 모두 세 번 정도씩 들여야 진한 제 빛깔이 나온다고 한다.

홍태선 씨 집 마당 빨랫줄에 널려 발리기를 하고 있는 갈옷천.

15년째 마을에서 갈옷을 만들어오고 있는 홍태선 씨(67)에 따르면 갈옷은 발림을 잘하는 것이 가장 중요하단다. 한 옷감에 감물은 모두 세 번을 들이며, 말릴 때는 이슬을 맞추고 다시 발리기를 한 달 가량 해야 갈빛이 짙어지면서 제대로 된 갈옷 천이 나온다는 것이다. 갈옷은 질기면서도 바람이 잘 통하여 여름철 옷으로 제격이며, 감물 성분이 방부제 노릇을 해 땀이나 비에 젖은 채 오래 두어도 썩는 일이 없다고 한다. 실제로 감물을 들인 옷감은 자외선과 가시광선을 차단하는 효과가 있다고 하며, 감물이 코팅 노릇을 해 섬유를 보호하고, 진균이나 대장균에 대해서도 항균력을 발휘한다고 한다.

세제가 없던 시절 갈옷은 물에 그냥 헹구어(합성세제를 쓰면 오히려 검은색으로 변색이 된다, 세탁 시 손빨래를 해서 그늘에 말려야 변색이 잘 되지 않는다) 걸쳐 입어도 때가 잘 빠지고 몸에 달라붙지 않아서 옛날 풍토록에는 옷 한 벌을 가지고 30년을 살았다는 사람의 이야기가 나올 정도다. 제주 사람들은 과거 갈옷을 입다가 해지면 기저귀로 썼고, 기저귀가 닳아지면 다시 걸레로 쓸 정도로 알뜰했다고 한다. 갈옷은 주로 착색력이 좋은 광목으로 만들며, 드물게 명주에 물을 들이기도 한다. 갈옷은 물을 들여 한번 지어놓으면 잔손질이 거의 필요 없다. 또 감물을 들인 천은 두 배

여름철 성읍리에 가면 띠집 마당뿐 아니라 감귤밭에 널어놓은 갈옷천도 흔하게 만나게 된다.

강경순 씨(48)네 갈옷가게에 걸린 갈옷들. 강경순 씨는 김을정 할머니에게 전수받은 솜씨로 갈옷을 만드는 것뿐만 아니라 직접 가게에서 판매도 한다.

쯤 질겨지는 장점이 있는 반면, 오래 입으면 입을수록 감물이 빠져 색상이 퇴색하거나 검은 갈색으로 변색되는 단점이 있다.

갈옷의 색깔은 흙을 닮았다. 샛집의 지붕에 얹힌 억새의 빛깔을 닮았다. 그리고 그것은 돌담 옆이나 마당에서 자라는 감나무라는 자연이 가져다준 색이다. 성읍리 사람들은 이 자연의 빛깔을 입고, 자연의 빛깔을 만들어낸다. 샛집 마당 빨랫줄에 걸린 갈옷과 치렁치렁 널려 있는 감물 들인 옷감은 저 하늘과 땅과 풀과 나무들과 너무나 자연스럽게 어울린다. 하여 갈옷을 입고 총총 마실 가는 성읍리 사람들도 자연의 일부처럼 느껴진다. 갈옷의 아름다움이 바로 여기에 있는 것이다. 사실 성읍리는 민속마을로 널리 알려졌지만, 제주를 찾는 관광객들에게는 외면을 당할 때가 많다. 제주에는 너무나 유명한 관광지들이 많기 때문인데, 진정 제주의 아름다운 속풍경을 만나기 위해서는 성읍리만한 곳이 없다. 그러나 성읍리를 찬찬히 발로 밟아보지 않고는 성읍의 아름다움을 발견할 수 없다.

 여행수첩

    성읍리에 가려면 제주공항에서 12번 해안 일주로를 따라가다 국립제주박물관 못 미쳐 우회전, 97번 동부관광도로를 타고 가면 된다. 서귀포와 성산읍에서는 16번 도로에서 성읍리를 만날 수 있다. 성읍리에 잘 데와 먹을 데가 많다. 문의 : 제주도청 문화예술과 063-710-3414, 성읍1리 사무소 063-787-1306, 성읍2리 사무소 063-787-1367, 제주비바리갈옷 생산자협의회 063-738-0158, 갈옷 장인 김을정 노인 댁 063-787-1360, 홍태선 씨 댁 063-787-0942. 갈옷 문의 : 063-787-1306. 갈옷은 마을에서 최하 5만 원부터 30만 원 선까지 다양한 제품을 팔고 있으며, 모자와 가방, 조끼를 비롯해 액세서리까지 나와 있다. 제주도에서는 애월읍 수산리와 고내리, 고성리, 구좌읍 하도리 등에서도 갈옷을 만날 수 있다. 늘푸른관광농원 063-787-2343, 산장민박 063-787-3542, 제주절물자연휴양림 063-721-4075, 명도암 유스호스텔 063-721-8233, 정의골식당 063-787-0934, 돌집식당 063-787-3720.

다른 구경

자연의 멋과 문화가 어울린 아름다운 섬 풍경

최근 제주도에서 가장 많은 사람들이 찾는 곳은 아마도 섭지코지일 것이다. 섭지코지는 남제주군 성산읍 신양 해수욕장과 성산 바다 사이에 마치 반도처럼 불쑥 튀어나온 해안 언덕인데, 깎아지른 듯한 절벽과 절벽 위에 펼쳐진 푸른 초원과 등대가 어울려 아름다운 풍광을 그려낸다. 전설에 따르면, 옛날 이곳에 선녀들이 내려와 목욕을 했다고 한다.

섭지코지는 이미 오래전부터 풍경이 아름다운 해안 언덕으로 알려진 곳이었지만, 드라마 〈올인〉의 배경장소로 알려지면서 더욱 유명해졌다. 아직도 초원이 펼쳐진 언덕에는 당시의 드라마 세트가 그대로 남아 있다.

섭지코지 가는 길에 바라본 성산 일출봉.

섭지코지에서 그리 멀지 않은 곳에는 성산 일출봉이 솟아 있다. 제주에서 가장 먼저 해가 뜨는 곳으로, 시인 이생진이 절창으로 읊었던 「그리운 바다 성산포」가 바로 일출봉을 에두르고 있다. 일출봉 정상은 성산리에서 올라가면 30여 분 정도가 걸리는데, 정상에 올라서면 아흔아홉 개의 바위 봉우리가 초원으로 뒤덮인 분화구를 병풍처럼 에워싼 진귀한 풍경을 만나게 된다. 일출봉 들머리와 일출봉이 한눈에 보이는 해안에서는 조랑말을 타고 일출봉과 바다를 감상할 수도 있다.

최근 드라마 〈올인〉의 배경장소로 유명해진 섭지코지.

성산 일출봉과 성산포에서 바다를 보면, 눈앞에 소가 누워 머리를 치켜든 형상의 섬이 보일 것이다. 이 섬이 우도다. 우도는 말 그대로 섬의 모양이 소를 닮았다고 해서 예부터 '소섬'이라 불렀다. 그 소섬의 머리 부분이 쇠머리오름이다. 쇠머리오름은 영화 〈화엄경〉의 배경이 된 곳이기도 한데, 봉우리가 끝나는 곳은 직벽이나 다름없는 바위절벽을 이루고 있다. 이 바위절벽은 마치 자연스럽게 빗금을 그어놓은 듯 아름답고 거대한 단층을 이루고 있어 보는 이로 하여금 탄성을 자아내게 한다. 따라서 우도에서는 이 바위절벽(우도 8경 중 하나로 '후해석벽'이라 함)을 볼 수 있는 검멀레(제주에서는 검은 모래를 일러 검멀레라 함) 해안이 최고의 관광코스로 손꼽힌다. 해안마을 곳곳에 펼쳐진 밭돌담 또한 우도를 좀더 인상 깊게 하는 풍경이다.

서귀포시 중문단지에서 만날 수 있는 지삿개 주상절리 또한 탄성을 자아낼 만한 대단한 풍경이다. 중문관광단지 동부 해안에서 볼 수 있는 주상절리는 육각형의 돌기둥이 마치 퍼즐처럼 빼곡하고 정교하게 박혀 있어 그것을 보는 이는 누구나 자연의 신비감에 압도당한다. 특히 파도가 높이 칠 때면 주상절리대에 부딪쳐 부서지는 파도가 장관의 풍경을 연출한다. 주상절리 가는 길에 있는 베릿내(별이 내린다는 뜻) 포구마을도 둘러볼 만하다. 중문민속박물관으로 지정된 베릿내 포구마을은 옛 어촌마을을 원형 그대로 남겨두었는데, 20여 채의 띠집(샛집)과 온갖 어구들이 고스란히 전시되어 있다.

남제주군 표선면에 자리한 제주민속촌은 제주도의 생활민속상을 체계적으로 전시한, 제주에서 가장 규모가 큰 민속촌이다. 어촌과 중산간마을, 산촌, 무속인촌으로 구분해 1백여 채의 옛집을 복원해 놓았고, 약 8천여 점의 생활도구와 민속자료를 모아놓았다. 다만 입장료(6천 원)가 비싼 게 흠이다. 이 밖에도 제주에는 여러 박물관이 있다. 제주시 근처에는 자연사박

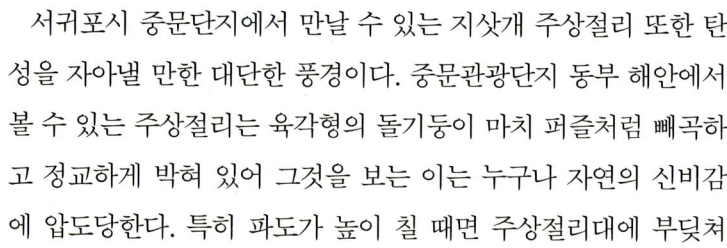
서귀포 중문단지에서 만날 수 있는 지삿개 주상절리.

우도의 해안마을 곳곳에 펼쳐져 있는 밭돌담.

물관과 국립제주박물관, 제주민속박물관이 있으며, 남제주군 남원읍에는 신영영화박물관이, 북제주군 안덕면에는 오설록박물관이 있다.

다른 마을

특색 있는 제주 마을들 : 해녀마을, 목장마을, 숲마을, 선인장마을

김녕 지나 세화, 성산포에서 우도까지, 제주의 바닷가 마을은 아직도 해녀마을이라 불릴 만한 마을이 적지 않다. 휘유우, 휘유우, 휴우……. 물때에 맞춰 바닷가 마을에 내려가면 마치 물새 소리 같은, 혹은 휘파람 소리 같은 해녀들의 숨비소리도 제주에서는 흔하게 듣는 소리다. 화산섬인 제주에는 모래와 펄보다는 용암으로 뒤덮인 '걸바다'가 흔하다. 이 걸바다에는 우뭇가사리와 전복, 해삼 등이 풍부해 해녀들에게는 바다밭이나 다름없다. 예부터 제주의 여자들은 물때가 되면 바다밭으로 나가 물질을 하고, 물질에서 돌아오면 밭에 나가 김을 매는 두몫잡이 밭일을 운명처럼 여기고 살았다.

제주의 바닷가 마을 중 상당수가 해녀마을로 불려도 무방하지만, 그 중에서도 김녕과 세화, 성산과 우도, 서귀포, 사계바다, 애월 등에 해녀마을이 몰려 있다. 특히 우도의 바닷가 마을은 가는 곳마다 해녀마을이어서 물질하는 해녀들의 모습과 숨비소리를 듣는 것이 너무나 흔한 풍경이다. 최근 제주를 비롯한 우도에서는 상당수의 해녀들이 우뭇가사리 채취에 매달리고 있다. 우뭇가사리는 묵을 만들어 먹기도 하지만 젤리와 화장품의 재료로도 들어가 그 쓰임이 부쩍 늘고 있다.

제주의 바닷가가 대부분 해녀마을이라면 제주의 중산간은 대부분 목장지대라 할 수 있다. 지도에 표

우도에서 만난 해녀. 우도는 섬 전체가 해녀마을이다.

기된 목장만도 12개에 이르니, 표기되지 않은 목장까지 합치면 20여 개가 넘는 목장이 중산간에 포진해 있는 셈이다. 이들 목장은 거개가 말목장인데, 이들 말목장의 풍경은 제주 아니고는 만날 수 없는 독특한 풍경이기도 하다. 특히 목장이 많이 몰려 있는 1112번 도로와 1118번 도로는 드라이브 코스로도 제격이다. 그리고 좀더 운치 있는 목장의 풍경을 감상하는 방법은 주도로를 벗어나 목장의 경계를 따라 들어선 삼나무길을 따라 천천히 달리거나 트레킹을 즐기는 일이다. 제동목장이나 건영목장 인근에는 정말 영화에나 나올 법한 비밀스런 삼나무길이 숨어 있다. 어느 정도인가 하면 길의 들머리에서 길의 끝머리가 보이지 않을 정도로 삼나무길이 펼쳐진 곳도 여럿 있다.

제주 중산간에는 아름다운 숲을 지닌 마을도 더러 만날 수 있다. 한림읍에 자리한 명월리도 그 중 하나인데, 마을에는 50년생에서 500년생까지 50여 그루가 넘는 팽나무가 마을의 계곡을 따라 1백 미터 넘게 펼쳐져 있다. 이 숲에는 과거 선비들이 계곡의 물소리를 들으며 시를 짓고 담소를 나누던 명월대가 남아 있어 그 운치를 더해준다. 명월리가 팽나무 군락지라면 그리 멀지 않은 곳에 자리한 납읍리는 난대림 군락지라 할 만하다. 이곳에는 1만 평에 이르는 땅에 모두 2백여 종의 난대림식물이 자라고 있으며, 옛날 선인들이 풍류를 즐기던 금산공원

한림읍 명월리에는 50~500년생 팽나무가 마을의 계곡을 따라 1백 미터 넘게 펼쳐져 있다.

선인장마을인 월령리의 풍경은 초록 선인장바다와 푸른 걸바다가 어우러지는 독특한 모양새를 띤다.

도 마을 한가운데 터를 잡고 있다.

그런가 하면 명월리에서 바닷가 쪽으로 내려가다 만나는 월령리는 선인장마을로 잘 알려져 있는 곳이다. 애당초 이곳의 선인장은 바닷물에 실려온 씨앗이 자라 오늘날과 같은 거대한 군락지를 형성했다고 하는데, 군락지가 워낙에 넓어 차를 타고 돌아보아도 한참이 걸릴 정도이다. 이곳의 선인장에서 열리는 빨간 열매는 백년초라 하여 최근 건강식품으로 인기가 높다. 즙을 내 먹는가 하면 식용색소로도 쓰이고, 최근에는 백년초 초콜릿도 개발되어 감귤 초콜릿과 더불어 제주도의 대표적인 특산물로 자리를 잡았다. 대부분의 선인장밭이 바닷가에서 중산간을 타고 오르며 자리한 탓에 월령리의 풍경은 초록 선인장 바다와 푸른 걸바다가 어우러지는 독특한 모양새를 띤다. 더욱이 여름이면 선인장밭 주변에 하얀 삐비꽃이 무더기로 피어나 운치를 더해준다.

태깔 좋고 솜씨 좋은 죽물문화의 고향
담양 죽물마을 | 전남 담양군 담양읍 향교리, 객사리

담양에는 죽공예 장인만도 천여 명, 생산되는 죽공예품 종류도 70여 종에 이르며,
많은 마을 중에서도 향교리와 객사리를 으뜸 죽물마을로 꼽는다.

대숲에 바람이 인다. 스사삭, 스사삭. 바람에 밀려 저희들끼리 몸 부비는 소리 시원하다. 바람이 거세지면 대숲의 소리도 거세져 마치 바닷가에서 듣는 파돗소리가 난다. 그러나 바람이 그치고 나면 대숲은 그야말로 적막하고 고요해서 마치 별세계에 발을 들여놓은 듯하다. 비라도 내리면 대숲은 거대한 악기로 변해서 투다닥 탁탁, 듣기 좋은 타악을 연주한다. 그 소리에 맞춰 고개를 내민 죽순도 쑥쑥 제 키를 높인다. 흔히 비가 한번 오고 나면, 죽순은 하루 밤새 무려 60센티미터나 자란다(45일이면 키가 다 커버린다고 함)고 한다. 그야말로 우후죽순이다.

옛날 담양의 한 선비가 대숲에 갓을 벗어놓고 잠깐 볼일을 보고 돌아서 보니 갓이 없어졌다는 이야기도 놀라운 성장력을 지닌 대나무를 빗댄 얘기다. 어쨌든 담양은 대나무의 고장이며, 죽물

대숲에서 한 인부가 대나무를 나르고 있다.

의 고향이다. 사실 우리네 옛 조상들은 대나무로 못 만드는 것이 없었다. 초롱이나 등, 등잔대, 발, 상, 죽부인, 베개, 부채, 구덕, 지팡이, 도시락, 조리, 바구니, 그릇, 소쿠리와 채반, 키, 삿갓, 참빗, 반짇고리, 바작, 삼태기, 물레, 용수(술 거를 때 쓰임), 활, 화살통, 통발(쑤기), 대금, 단소, 피리, 심지어 굴뚝까지도 대나무를 원통 모양으로 엮어 만들었으니, 그야말로 옛날에는 대나무가 없었으면 어떻게 살았을까 싶다.

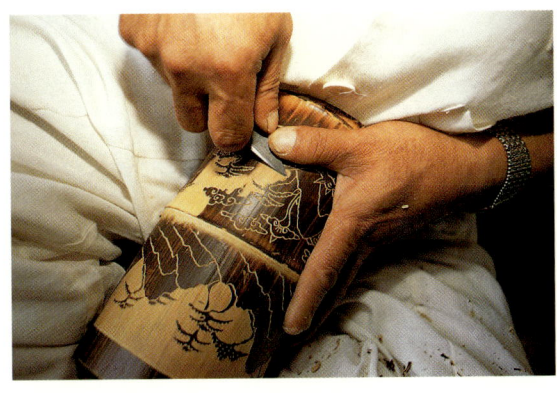

죽세공예에서 가장 어려운 기술로 꼽히는 낙죽. 밑그림에서부터 세밀한 그림의 명암이나 농담까지도 인두의 온도 조절로 그려지기 때문이다.

본디 대나무는 중국 하남지방이 원산지로 지구상에 약 3천2백여 종이 분포하고 있으며, 우리나라에서는 주로 호남과 영남 지방이 주산지이고 서해안 지방은 충남 태안반도까지, 동해안 지방은 강원도 고성까지가 분포 한계선이다. 우리나라에서 자라는 대나무는 솜대, 왕대, 맹종죽, 오죽, 갓대, 조릿대 등 약 70여 종이 있는데, 현재 담양의 죽물박물관 죽종장에는 이 중 64종의 대나무를 볼 수 있다. 담양 일대에 대나무가 많이 자라는 이유는, 이곳이 온대 남부에 속해 연평균 기온이 섭씨 12도를 유지하며, 연평균 강수량도 1천 밀리미터 내외로 대나무가 자라기에 가장 적합한 환경이기 때문이다. 실제로 담양에서 나는 대나무는 그 단단함과 탄력성이 가장 뛰어난 것으로 알려져 있다.

이 같은 환경 덕택으로 현재 담양에는 죽공예품을 생산하지 않는 마을이 거의 없을 정도이며, 죽세공예에 종사하는 장인만도 1천여 명이 훨씬 넘고, 생산되는 죽공예품 종류도 70여 종에 이른다고 한다. 그 가운데서도 가장 까다롭고도 화려한 기술로 손꼽히는 것은 낙죽과 채상이다. 낙죽이란 횟대나 담뱃대, 참빗 등의 대나무 겉면을 불에 달군 인두로 지져 온갖 무늬를 그려넣는 것을 일컫는다. 옛날에는 질화로에 숯불을 피워놓고 인두를 달구었으나 지금은 전기인두를 사용한다. 낙죽이 어려운 것은 무엇보다 밑그림에서부터 세밀한 그림의 명암이나 농담까지도 인두의 온도 조절로 그려지기 때문이다.

이처럼 어려운 기술이 낙죽이므로, 낙죽을 선보이는 장인(낙죽장) 또한 드물 수밖에 없다. 낙죽장의 마지막 기능보유자였던 담양의 국양문 씨가 수년 전 세상을 떠난 뒤로 낙죽장은 금성면에 사는 조운창 씨(59)가 근근이 그 명맥을 이어가고 있는 형편이다. 하지만 낙죽 제품은 품이 많이 들어 비쌀 수밖에 없는 탓에 잘 팔리지 않는다고 한다. 그래서 그는 낙죽보다는 조각 죽제품에 더 매달려 산다. "낙죽으로 하면 횟대 그림만 꼬바기 이틀이 걸려뿐게, 또 낙죽이 비싸니까 해봐도 잘 안 팔려요. 그래 이래 조각을 주로 헙니다요. 내가 벌써 21년째요. 조각도 낙죽도 첨엔 어깨 너머로 배와부렀소."

채상은 대나무를 얇고 가늘게 쪼갠 뒤 여러 가지 색으로 물들여 바구니 반짇고리 등을 짜 만드는 것을 일컫는데, 고리를 짜는 것과 방법은 비슷하지만 색깔과 무늬를 넣어 짜야 하므로 손

봉산면 기곡리 구암마을의 죽렴장 박성춘 씨. 죽렴은 대나무발로 왕죽을 주로 쓴다.

이 많이 가고 제작도 까다로운 편이다. 이렇게 채상을 하는 사람을 일러 채상장이라 하며, 담양에서는 서한규 씨(74)가 그 명맥을 이어가고 있다. 또 봉산면 기곡리 구암마을에서는 죽렴장(竹簾匠)을 만날 수가 있다. 박성춘 씨(65)가 바로 그인데, 평생을 그는 죽렴을 만드는 데 바쳤다. 죽렴이란 대나무를 가늘게 쪼갠 뒤 그것을 엮어 해가림을 하는 대발을 말한다. 보통 대발은 2~3년생 왕죽과 분죽으로 만드는데, 왕죽이 좀더 태깔이 좋게 난다고 한다.

박성춘 씨가 죽렴에 쓰일 대나무를 골라내고 있다.

대발을 엮을 때는 명주실이 많이 쓰이며, 발에 거북 모양의 문양을 넣거나 무병장수를 기리는 문자를 넣어 그 멋을 더한다. 대발을 만들기 위해서는 먼저 대를 채취하여 음지에서 말린 뒤, 발의 크기에 맞춰 대를 자르고, 이어 쪽살내기와 마디훑기, 잔살내기, 조름질을 거쳐 엮음질로 마무리한다. 이 가운데 가장 중요한 과정은 조름질이라고 한다. 조름질이란 가늘게 쪼갠 발살을 조름쇠의 작은 구멍으로 빼내 더 잘고 둥글게 만드는 과정인데, 더 잘게 나온 발일수록 상품으로 친다.

한편 담양읍 향교리에는 참빗장 고행주 씨(68)를 만날 수 있다. 참빗은 왕죽으로 만들며, 매기용 재료는 때죽나무나 먹감나무를 쓴다고 한다. 옛날에는 집집마다 이런 참빗이 한두 개씩은 다 있었다. 이나 서캐를 잡는 데는 발이 촘촘한 참빗이 최고였고, 쪽진 머리를 빗을 때에도 참빗만한 게 없었다. 그러나 이가 사라지고

111

박성춘 씨네 집은 여름 한낮이면 죽렴을 창문 대신 달아놓는다.

비녀가 사라지면서 참빗도 덩달아 사라지고 말았다. 그나마 향교리에 추억의 참빗을 만드는 참빗장이 있어 여간 다행이 아니다. 참빗장이 있는 향교리는 개울을 사이에 두고 이웃한 객사리와 더불어 담양에서도 알아주는 죽물마을로 통하는데, 웬만한 집에서는 죽제품 한두 가지씩은 다 낼 정도이다.

향교리에 참빗장 고행주 씨가 있다면, 개울 건너 객사리에는 죽부인을 만드는 김성수 씨(62)가 있다. 김씨는 전통 그대로의 죽부인을 전통 그대로의 방식으로 만들어오고 있다. 그가 처음 죽제품 만들기에 나선 것은 50년 전이라고 한다. 워낙에 손재주가 좋아서 그는 대나무로 못 만드는 것이 없었다. 그러던 그가 십 몇 년 전부터는 죽부인 하나에 정성을 기울였다. 그 정성으로 담양에서는 죽부인 하면 김성수 씨를 꼽게 되었다. 그가 만드는 죽부인은 매끈하고 탄탄한 것으로 유명한데, 그에 따르면 재료가 되는 분죽 고르기에서부터 공을 들이기 때문이란다. "대도 이래 매끈하고

참빗장 고행주 씨 댁에서 만난 정종례 할머니(98)가 쪽진 머리를 참빗으로 빗고 있다.

크고 빤듯한 놈만 써요. 또 죽부인을 맨드는 대는 길어야 해. 이 것을 갖다가 짜개고 다듬어서 육칠 미터씩 여섯 개를 만들어. 그 걸 가지고 죽부인을 맨들어. 이게 젤로 힘든 거는 마무리야. 이래 빳빳하게 삐쳐나온 대를 찔러넣어 오므려야 하는데, 그게 기술이 거든. 다른 사람은 한두 개 찔러넣으니까 능글능글한데, 나는 서 너 개씩을 찔러넣으니까 짱짱하지." 그가 사는 객사리는 죽공예 단지는 물론이거니와 죽제품을 파는 가게도 너댓 개에 이르러 담 양에서도 으뜸으로 꼽는 죽물마을에 속한다.

월산면 용흥리에도 국승환 씨(57)가 40년째 죽부인을 만들며 살고 있다. 그가 만드는 죽부인 역시 주변에서 튼튼하고 깔끔하 기로 소문이 나 있는데, 그는 그 비결이 대 다듬기에 있다고 말한 다. "이렇게 만져보면 시중의 제품은 좀 꺼끌꺼끌한데, 이것은 매 끈매끈해요. 또 마무리된 부분이 보이지 않고, 처음과 끝이 일정 할 뿐만 아니라 구멍이 촘촘해요." 그에 따르면 죽부인 한 개를 객사리에서 죽부인을 만드는 김성수 씨. 그는 전통 그대로의 죽부인을 전통 그대로의 방식으로 만들어오고 있다.

죽부인은 분죽으로 만드는데, 대다듬기와 마무리를 잘 해야 탄탄하고 매끈한 제품이 나온다.

만드는 데는 1시간 30분 정도가 걸린다고 한다. 대나무는 분죽을 주로 쓰는데, 그 역시 마지막 마무리하는 과정이 가장 힘들다고 한다. 표나지 않도록 말끔하게 뒤처리를 해야 보기도 좋고 만지는 느낌도 좋아지기 때문이다.

본래 죽부인은 고려시대 성리학자인 이곡이 대나무를 의인화하여 절개 있는 부인에 대한 이야기를 하고 있는 「죽부인전」이란 가전체 작품에서 비롯된 것이다. 절개 있는 부인이기 때문일까. 예부터 이 죽부인은 아버지가 사용하던 것을 자식이나 다른 사람이 껴안을 수가 없었다. 또 겨울철 사용하지 않을 때에도 반드시 부모가 잠자는 방에 보관하고, 아버지가 돌아가셨을 때는 불에 태워주었다. 하지만 이를 모르는 사람들은 싸게 파는 중국산을 사서 속는 경우가 많다. 중국산은 국내산에 비해 절반 이상 싸게 팔지만, 그만큼 품질이 뒤떨어진다.

비단 죽부인뿐만 아니라 최근에는 부채나 소쿠리, 대자리까지 중국산이 판을 치고 있다. 그러다 보니 담양의 죽제품 수요도 날로 줄어들고 있는 형편이다. 수요가 예전 같지 않으니 생산 또한 예전 같지 않아 죽물시장도 예전처럼 붐비지 않는다. 담양군청에서는 몇 년 전부터 죽세공예진흥단지를 운영하며, 단지 안에 죽물박물관과 판매장, 죽종장 등을 두어 죽물산업 활성을 위해 노력하고 있지만, 요즘 사람들의 외면 앞에 전통 죽물은 점점 더 설자리를 잃어가고 있다.

대나무 채반.

담양의 죽물마을들

종류	마을
참빗	향교리
바구니(엿바구니, 갱기바구니 등)	백동리, 오계리, 무정면 봉안리, 오룡리, 동산리
대자리	객사리, 향교리, 무정면 오룡리, 수북면 대방리
말석(석작)	삼다리, 가산리, 양각리, 월산면 화방리
죽부인	객사리, 양각리
채반	용면 장찬리
찻상	양각리
부채	객사리, 만성리
광주리	오계리

 여행수첩

담양에 가려면 호남고속도로를 타고 가다 장성 IC로 빠져나와 24번 국도를 타고 가면 된다. 대숲은 담양읍에서 29번 국도를 타고 북쪽으로 가다 다리를 지나 우회해 들어가 만나는 봉서리가 볼 만하다. 죽물박물관과 대부분의 죽제품을 만드는 마을은 읍내 옛 죽물시장을 중심으로 몰려 있다. 담양에서 유명한 소쇄원은 담양읍에서 29번 국도를 타고 남쪽으로 내려가다 고서에서 887번 지방도로 바꿔 탄 뒤 광주호 쪽으로 가다 보면 나온다. 근처에 식영정이 있으며, 가까운 곳에 송강정과 명옥헌이 있다. 면앙정은 담양에서 남쪽으로 이어진 29번 국도를 타고 가다 봉산면에서 우회하여 들어가면 있다. 먹을 데와 잘 데는 읍내와 소쇄원 쪽에 많다. 참빗장 고행주 씨 061-383-3515, 죽부인 김성수 씨 061-383-1102, 죽부인 국승환 씨 061-381-0688, 죽제품 판매 진성공예 061-383-3939, 죽세공예사업협동조합 061-383-4390. 문의 : 담양군 문화레저관광과 061-380-3224, 민속식당(죽순회) 061-381-2515, 꿈의궁전(대통밥) 061-381-9293, 파레스호텔 061-381-6363, 로드하우스 061-383-3040.

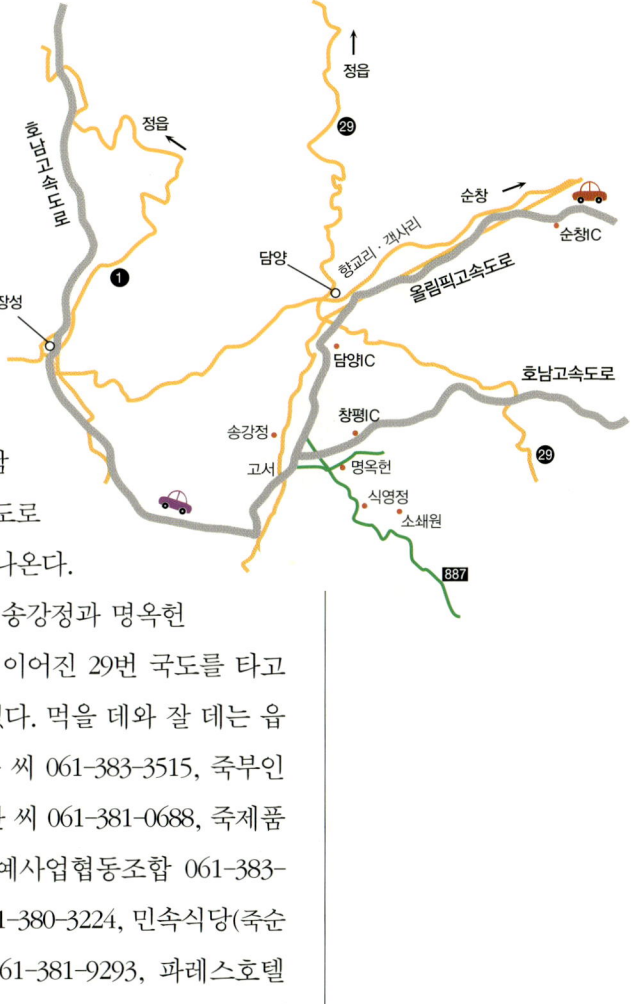

다른 구경

자연과 삶이 어우러진 담양의 정원문화

　대나무의 고장 담양은 예부터 가사문화의 산실인 정자와 정원의 고을로도 널리 알려져 있다. 그 가운데서도 소쇄원(깨끗하고 시원한 정원이라는 뜻이 담겨 있다)은 정원문화의 으뜸으로 손꼽힌다. 남면 지곡리에 자리한 소쇄원은 자연을 거스르지 않으려는 옛 정원문화의 전형을 보여주는 별서정원이다. 조선 중기 홍문관 대사헌을 지냈던 소쇄 양산보(1503~1557)는 기묘사화로 스승인 조광조가 유배당하자 출세의 뜻을 접고 낙향하여 은자로 살기 위해 자연 속에 정원을 꾸몄는데, 이것이 소쇄원이다. 소쇄원은 입구

깨끗하고 시원한 정원이라는 뜻의 소쇄원은 정원문화의 으뜸으로 손꼽히는 자연정원이다.

에 대숲이 들어서 있고, 대숲을 벗어나면 계곡을 중심으로 오른쪽에 애양단이, 왼쪽에는 광풍각과 제월당(우암 송시열이 현판 글씨를 썼다고 한다)이, 계곡에는 물소리와 물 흐름을 그대로 살린 오곡문을 두고 있다. 제월당이 서재 노릇을 했다면, 광풍각은 손님을 맞는 사랑방이었으며, 애양단은 휴게소요, 오곡문은 탁족을 하거나 심신을 씻는 공간에 다름아니었다. 특히 오곡문의 돌담은 두 개의 물 통로를 뚫어 계곡의 물 흐름을 방해하지 않았고, 자연스런 물소리의 퍼짐을 어디서나 들을 수 있도록 설계되었다.

이처럼 소쇄원은 인공정원이기보다는 자연정원이라 할 수 있다. 과거에는 오곡문 아래 계곡에 물레방아를 두었다고 하는데 지금은 볼 수가 없고, 다만 통나무 수로인 귀애(통나무에 홈을 파 물이 흐르게 만든 수로관)를 두어 작은 연못에 물을 대고 있다. 소쇄원을 조성한 양산보는 유언에서조차 소쇄원을 절대 남에게 팔지 말라는 말을 남겼다고 한다. 이 말에는 정원을 잘 돌보라는 뜻도 담겨 있었지만, 후손에게 출세보다는 초야에 묻혀 은자로 살아가라는 묵시적인 바람이 담겨 있었다. 그런 뜻에 걸맞게 당시 이곳에는 면앙 송순과 정철 같은 대가들도 즐겨 찾아 시를 짓고 학문을 논했다고 한다.

봉산면 제월리에 있는 면앙정도 아직까지 옛빛을 고스란히 간직한 정자로 손꼽힌다. 면앙정은 면앙 송순(1493~1583)이 관직에서 물러나 이곳에 머물며 지은 것으로, 가사인 〈면앙정가〉의 탄생과 관련이 깊다. 송순에게 사사받은 송강 정철도 훗날 조정에서 물러나자 고서면 원강리에 송강정을 짓고 수년에 걸쳐 은거생활을 했는데, 가사 「사미인곡」은 바로 그때 탄생한 작품이다. 담양의 정원이 가사문화의 산실이라 하는 것도 당대의 대가들이 이

고서면 산덕리에 있는 명옥헌은 연못과 정자와 주변의 배롱나무가 잘 어울린 정원이다.

곳의 정자와 정원을 무대로 시를 짓고 학문을 논했기 때문이다.

한편 고서면 산덕리에는 연못과 정자와 주변의 나무들이 잘 어울린 명옥헌원림이 있다. 명곡 오희도(1583~1623)가 지은 것으로 알려진 명옥헌은 정자 앞에 연못이 있고, 연못 주변에 배롱나무(백일홍)와 적송을 심어 여름이면 물에 비친 붉은 백일홍과 짙푸른 솔잎과 하늘의 빛깔이 그지없이 아름답다. 이곳에 심어진 배롱나무는 수령이 1백 년 이상이 되었다고 하며, 약 20여 그루가 뒤틀린 가지를 하늘로 뻗어올리고 있다. 담양을 찾는 많은 이들이 소쇄원을 찾고 있으나, 연못 주변의 풍경은 담양에서도 단연 명옥헌이 으뜸이다. 이 밖에도 담양에는 식영정, 독수정, 상월정, 남희정 등의 정원이 옛빛을 그득 담고 있으며, 읍내에는 팽나무, 느티나무, 푸조나무 등으로 조성한 관방제림(천연기념물 제366호)이 있어 거대한 정원숲 구실을 하고 있다. 그러고 보면 담양 땅 곳곳에 들어선 대나무숲도 정원 노릇을 톡톡히 하고 있는 셈이다.

최고의 옷감, 비단 짜는 마을

경주 비단마을 — 경북 경주시 양북면 두산리

감포 앞바다에 달 떴다. 천년 고도 경주가 그리운 듯 신라의 달빛이 문무대왕릉을 지나 감은사터를 비추더니 경주 남산의 잠든 석불상을 비춘다. 불국사를 비추고, 포석정을 비춘다. 은은하고 고적한 신라의 달밤이다. 전설 속의 여인이 달빛을 날실 삼아 잘그랑잘그랑 비단이라도 짤 것 같은 그런 밤. 창으로 스미는 훤한 달빛에 영 잠이 오지 않는다. 잠 못 드는 천년 고도에서의 하룻밤. 아무래도 경주에서는 날이 밝기 전에 길 떠나야 할 것만 같다. 날이 밝으면 한밤중 천년 고도의 영화가 재처럼 사라질 것이므로.

그리하여 새벽부터 짐을 챙겨 토함산을 넘는다. 달빛 대신 오늘은 부신 일출이 천 년이 지난 경주를 밝게 비춘다. 토함산에서

비단마을로 불리는 경북 경주시 양북면 두산리 전경.

122

감포로 이어지는 비단길. 여기서 문무대왕릉 쪽으로 길을 잡아가면 감은사터가 지척이다. 그리고 감은사터 가는 길에 우리의 목적지인 비단마을 두산리가 있다. 벼가 웃자란 논에는 초록이 짙고, 매미 소리 귀 따가운 고샅길이 마을까지 이어져 있다. 그러니까 이 길이 두산리 사람들에게는 실크로드인 셈이다. 금방이라도 비단을 이고 진 시골 아낙이 저쯤에서 걸어올 것만 같다.

비단은 명주의 다른 이름이며, 명주실로 짠 옷감을 말하기도 한다. 또 명주실은 뽕잎을 먹고 자란 누에가 내는 고치에서 뽑아낸 실을 가리킨다. 예부터 비단은 옷감 중에 최고의 옷감으로 통했으며, 곱고 부드러운 것의 대명사로 불렸다. 흔히 '비단결 같다'라는 표현도 바로 고운 명주옷감에서 비롯된 말이다. 그런 곱디고운 비단을 짜는 마을이 바로 두산리다. 비단마을. 도대체 어느 정도이기에 비단마을로 불릴까. 마을에서 만난 최혜정 씨(57)에 따르면 마을 전체 30가구 가운데 20가구 넘게 모두 비단을 짠다고 한다. 이 정도면 우리나라 으뜸의 비단마을인 셈이다.

마을에 들어서 가장 먼저 만난 풍경도 최혜정 씨 집에서 마당을 오가며 '명주날기' 하는 풍경이다. 명주날기는 한 필의 길이와 새수(새는 날실의 올수를 말하며, 새가 높을수록 고운 비단이 나온다)를 맞추는 과정이다. 마당 이쪽에 있는 걸틀(3개의 말뚝)에 명주실을 걸고 다시 마당 저쪽의 걸틀(4개의 말뚝)을 오가기를 수없이 반복해야 새수 높은 비단이 나오는 것이다. 명주날기를 하기 위해

돌고지에 감은 실을 대나무 대롱이나 깡통에 한 타래씩 내리는 '실내리기'를 하고 있다.

시어머니 박영기 할머니가 날실뽑기를 하는 동안 며느리인 최혜정 씨는 '명주 날기'를 하고 있다.

서는 먼저 '날실뽑기'를 통해 새에 맞게 날실을 뽑아내는 과정을 거쳐야 한다. 대나무를 쪼개어 만든 날틀에는 10개 이상의 구멍이 뚫려 있어 거기로 실을 뽑아내면 그것을 가지고 날기를 하는 것이다.

시어머니인 박영기 할머니(84)는 마당 한켠에서 날실뽑기를 하고, 며느리인 최혜정 씨가 그것을 가지고 걸틀을 오가며 날실을 건다. 한여름의 뙤약볕 아래서 고부지간 명주장이가 땀을 뻘뻘 흘려가며 '실뽑기'와 '날기'를 하는 참 보기 좋은 풍경이다. 박영기 할머니는 올해로 68년째 비단짜기를 해왔다고 한다. 16세 때 시집을 온 뒤로 한 해도 거르지 않고 비단짜기를 해왔다. 지금은 눈이 침침해져 바디에 올을 꿰는 일 같은 것은 힘들지만, 대부분의 과정을 아직도 해내고 있다. "눈이 좀 어둡긴 해도 솜씨가 대단한 분이에요. 내가 한 건 아직도 마음에 안 들어 합니다. 그렇게 꼼꼼해요." 며느리 최혜정 씨의 말이다.

최혜정 씨도 어려서부터 비단짜기를 배웠다. 친정에서 어머니로부터 비단짜기를 배워 시집을 온 것이다. 하지만 생계를 위해 다른 일을 다니느라 내내 비단짜기에 매달리지는 못했다. 그가 본격적으로 비단짜기에 매달린 것은 시어머니가 나이가 들면서부터이다. 시어머니가 힘에 부쳐 하는 모습을 보며 그냥 있을 수가 없었다. 하여 지금은 모든 과정을 최혜정 씨가 도맡아 할 정도이다. 그는 가장 힘든 과정으로 '누에실 뽑기'를 꼽았다. "누에고치를 풀 때가 가장 어려워요. 실을 뽑아서 비단 망글라 하먼, 이 누에실을 잘 뽑아야 해요. 이건 먼저 물을 뜨겁게 끓이서루 누에고치를 담그면 인제 실이 이래 풀리요. 그럼 그걸 가지고 끊어지지 않게 조심해서 돌고지(돌개지)에 감았다가 깡통에다 다시 감아놔요. 그걸 가지고 날기를 하는 거죠."

그와 시어머니가 내는 비단은 대부분 올이 고운 12새짜리다. 새수가 높으면 날기나 매기(풀 먹이기)도 어려울뿐더러 짜기도 더 힘들다. 그럼에도 최씨네 집에서는 올이 고운 비단을 고집하고 있다. 두산리에서 비단을 짜는 대부분의 집에서 그렇듯 최씨네 집에서도 직접 누에를 키운다. 봄누에(4월에 씨가 나옴)는 여름에 고치실을 뽑고 여름누에(7월에 씨가 나옴)는 가을에 고치실을 뽑는데, 누에 키우는 일도 여간 정성이 들어가는 것이 아니다. 누에란 녀석은 농약에 약해 조금이라도 농약이 묻은 뽕잎을 먹이면 그해 누에농사를 망치게 된다. 보통 누에는 넉잠을 자고 고치를 짓는데, 애벌레에서 고치를 지을 때까지는 약 한 달 가웃 걸린다.

비단짜기는 바로 이 누에가 만드는 고치에서 실을 뽑는 것으로 시작된다. 물을 끓여 고치가 부풀면 고치에서 실마리를 뽑아 돌고지에 걸고 돌린다. 고치 하나에서 실이 다 풀리면, 다른 고치의 실마리를 뽑아 이어 붙인 뒤 다시 돌고지로 실감기를 한다. 이렇게 친친 돌고지에 감은 실은 한번 더 대나무 대롱이나 깡통에 적당량씩 따로따로 감아놓는데, 이것을 '실내리기'라 하며 깡통 하나가 한 타래가 된

명주날기가 다 끝나면 실을 돌돌 말아 실꾸러미를 만들어놓는다. 이것으로 올 꿰기와 풀 먹이기를 하여 베틀에 올린다.

고부지간인 최혜정 씨와 박영기 할머니가 방 안에서 올꿰기를 하고 있다.

최복출 할머니가 창호문을 열어놓고 베틀에 올라앉아 비단을 짜고 있다.

다. 이어서 날실의 길이와 새수를 맞추는 날실뽑기와 날기를 하고, 이것을 가지고 매기를 한다. '매기'는 두산리에서 '풀 먹이기'로 불리는데, 이때 우뭇가사리풀과 같은 접착력이 있는 풀을 베솔에 묻혀 날실에 먹여 실 전체와 이음새를 탱탱하고 매끈하게 한다. 이어 명주올 하나하나를 바디 사이로 끼워넣는 올꿰기를 하며, 마지막으로 이것을 베틀에 올려 짜면 곱디고운 비단이 되어 나오는 것이다.

날기를 하는 최혜정 씨 집을 나와 최복출 할머니(71) 댁에 이르니, 때마침 잘그랑잘그랑 비단 짜는 소리가 문 밖까지 들려왔다. 할머니는 창호문을 활짝 열어젖힌 채 비단을 짜고 있었다. 할머니는 그냥 보통의 비단도 많이 짜지만, 치자나 감물, 홍화 등 천연의 염료로 염색을 들인 비단도 많이 짜는 것으로 알려져 있다. 할머니 또한 16세 때부터 비단짜기를 시작해 50년 넘게 비단을 짜왔다고 한다. 할머니의 주름진 손을 보니 힘들게 지켜온 비단

짜기의 내력이 그 안에 다 담겨 있는 것만 같다. 할머니를 비롯해서 비단을 짜는 마을 사람들은 대부분 옷감만을 짜는 것이 아니라, 옷을 만들어달라고 하면 직접 비단옷이나 수의용 옷을 만들어 팔기도 한다. 손으로 짠 비단옷이 수의용으로 많이 나가는 까닭은 좀이 슬지 않고 곱게 삭기 때문이라고 한다.

최복출 할머니는 천연 염료로 물을 들인 비단도 꽤 많이 짜는 편이다.

현재 두산리에서는 연간 2백여 필의 비단을 생산해내고 있다. 보통 한 사람이 한 달에 짤 수 있는 비단은 많아봐야 서너 필 정도. 서너 필이면 수의 한 벌 만들 분량이다. 보통 한 벌의 수의를 만드는 데 들어가는 비단은 세 필 반(1필=40자, 12미터) 정도라고 하는데, 비단값이 만만치 않아서 시세대로라면 수의 한 벌에 1백75만 원(1필에 50만 원)이 들어가는 셈이다. 그러나 누에를 키우고, 거기에서 나오는 고치로 실을 뽑아 내리고, 날고, 매고, 짜는 손비단 짜기의 오랜 과정과 두산리 사람들의 비단결 같은 마음과 정성을 생각하면 그리 비싼 것도 아니라는 생각이 든다.

 여행수첩

경주 비단마을에 가려면 경부고속도로 경주 인터체인지로 빠져나와 경주에서 4번 국도를 타고 토함산을 넘어간다. 어일쯤에서 감포 가는 길과 감은사터 가는 길이 갈리는데, 비단마을은 감은사터로 가는 927번 지방도를 타야 한다. 감은사터 못 미쳐 두산리로 들어가는 마을길이 나오고 그 길을 따라가면 비단마을에 닿을 수 있다. 서울에서 경주까지 고속버스가 30분 간격(4시간 30분)으로 있다. 문의 : 경주시 관광진흥과 054-749-0101, 054-779-6396, 두산리 최혜정 씨 054-746-3294. 토함산자연휴양림(양북면) 054-772-1254, 파도소리(감포) 054-744-8542, 그린힐모텔(양북면) 054-771-8380, 썬비치모텔(감포) 054-775-5604, 단감농원할매식당(우리밀파전, 우리밀손칼국수) 054-745-4761, 옛집돌솥(돌파전, 돌솥밥) 054-771-4043, 토박이식당(가마솥밥, 갈치찌개, 호박전) 054-748-7025.

마애불의 보고 경주 남산과 아름다운 감은사탑

다른 구경

경주시 인왕동과 내남면, 용장리에 두루 걸쳐 있는 남산(494미터)은 옛 신라 불교의 숨결이 가득한 불교문화의 노천박물관이라 할 수 있다. 지금까지 알려진 바로는 남산에 절터가 모두 1백47군데, 바위불상이 1백18기, 석탑 96기, 석등 22기를 비롯해 수많은 불교유물과 신라시대의 유적이 남산에 집중해 있는 것으로 조사되었으며, 그 문화적인 가치를 인정받아 2000년 12월에 세계문화유산으로 지정되었다. 특히 남산에는 마애불상이 많아 산 전체가 마애불의 보고나 다름없다. 이는 남산이 바위산이기도 하거니와 예부터 바위를 신성시해온 민간신앙과도 깊은 관련이 있다. 이곳에 마애불을 비롯한 불상이 세워지기 시작한 것은 7세기 초로 추정되며, 통일신라 이후 더욱 많은 불상이 새겨지고 석탑이 더해져 남산을 거대한 화엄세계인 불국토로 만들어갔다. 이처럼 가는 곳마다 불상이요, 석탑이요, 절터여서 산 전체가 보물이나 다름없는 곳은 세계 어디에도 그 유례가 없는 것이니, 경주에 가서 남산을 보지 않고 경주를 보았다고 말할 수 없다.[2]

경주시 양북면 용당리에 있는 감은사터는 신라 문무대왕과 그의 아들인 신문왕이 불력으로 왜구의 침입을 막고자 2대에 걸쳐 세운 옛 감은사의 터로, 지금은 두 기의 감은사탑만이 옛 가람의 영화를 지키고 있다. 당시 문무대왕은 절을 완성하지 못하고 죽게 되자 바다의 용이 되어서라도 나

옛 신라 불교의 숨결이 가득한 불교문화의 노천박물관인 경주 남산에서는 수많은 마애불을 만날 수 있다.

비단마을에서 멀지 않은 양북면 용당리에 있는 감은사터에는 두 기의 감은사탑이 옛 가람의 영화를 지키고 있다.

2) 경주남산연구소 홈페이지 내 '남산답사 길잡이' 내용 참조. 경주남산연구소에서는 경주 남산 답사 도우미 활동을 펼치고 있다. (www.kjnamsan.org, 054-745-2771)
3) 유홍준, 「아! 감은사, 감은사탑이여」, 『나의 문화유산 답사기』(창작과비평사, 1993), 154쪽.

라를 지키겠다며 바다에 장사지낼 것을 유언하여 감은사에서 가까운 동해에 묻히게 되었는데, 신문왕(682년)은 그 은혜에 감사하는 뜻으로 절 이름을 감은사라 했다고 한다. 신라시대 삼층석탑의 최대로 알려진 감은사탑은 전체 높이가 13미터에 이르며, 통일신라 초기의 석탑 양식을 따르고 있다. 『나의 문화유산 답사기』를 쓴 유홍준 교수는 명작에는 해설이 따로 필요 없다며, 감은사탑에 이런 감탄사를 붙였다. "아! 감은사, 감은사탑이여. 아! 감은사, 감은사탑이여. 아! 감은사……."3)

솜씨 좋은 세모시의 명맥을 이어간다

한산 모시마을 — 충남 서천군 한산면 동산리

강은 호수처럼 잔잔하다. 금강 하구둑에 이르러 고요한 강을 본다. 여름 갈대는 훌쩍 제 키를 키워 강을 찾는 온갖 새들을 품에 안는다. 여기는 굽이굽이 흘러온 금강 줄기가 바다와 만나는 곳, 충남에서 서남쪽 맨 끝자락에 위치한 곳, 서천이다. 서천이라 하면 모두들 그냥 흘려듣다가도 한산이라고 하면 다들 '아, 거기!' 한마디씩 말참견을 보낼 것인데, 바로 모시로 잘 알려진 한산 땅을 품에 안은 곳이 바로 서천이다. 서천 하면 한산이요, 한산 하면 모시를 빼놓고 이야기할 수가 없다.

예부터 한산 세모시는 모시의 대명사로 불려왔는데, 이처럼 한산 모시를 알아주는 까닭은 이곳의 모시가 올이 가늘고 촘촘하며, 짜임이 고를 뿐만 아니라 아무리 여러 번 빨아 입어도 빛이 바래지 않고, 색깔이 희고 맑아 항상 새옷 같은 느낌을 주기 때문

한산 모시관에서는 모시풀 재배에서 모시짜기까지의 모든 과정을 볼 수가 있으며, 모시장인들의 사랑방 노릇도 하고 있다.

이다. 본래 자연에서 얻어온 섬유인 모시는 합성섬유에 비해 통풍성과 땀 흡수력이 뛰어나며, 질감이 깔깔해 땀이 차는 여름에도 옷을 입지 않은 것처럼 날아갈 듯 가볍고, 개운함과 시원함을 느낄 수 있게 해준다. 바로 그 여름옷의 대명사인 모시, 모시 가운데서도 잠자리 날개처럼 투명하고 윤기 있는 피륙을 만날 수 있는 곳이 한산이다. 오죽하면 이런 노래까지 전해올까.

강남땅의 강수자는
글이좋아 소문나고
한산땅의 이수자는
솜씨좋아 이름났네

이곳의 모시는 백제 때로 그 역사가 거슬러 올라가는데, 이미 그때 야생 모시풀이 재배되었다고 하며, 조선시대에 이르러서는 임금에게 올리는 진상품으로 그 이름을 떨쳤다. 모시는 역시 한산에서 나는 것을 으뜸으로 쳤지만, 예부터 서천과 비인, 홍산, 임천, 남포, 정산, 보령을 포함한 8개 읍에서 가장 많이 짰기 때문에 이들 고을을 일러 저산팔읍이라 일컬었다. 이들 저산팔읍의 한가운데는 물론 한산이 있었고, 한산을 중심으로 빙 둘러 다른 일곱 고을이 있었던 셈이다. 이들 고을 가운데 여러 곳은 모시길쌈의 전통이 이미 끊긴 곳도 있지만, 한산에서는 5일마다 열리는(매달 1일, 6일) 새벽 모시시장을 통해 질

한산에서는 5일마다 열리는(매달 1일, 6일) 새벽 모시시장을 통해 질 좋은 모시의 유통을 꾀하고 있지만, 요즘에는 손님들이 뜸한 편이다.

133

좋은 모시의 유통과 세모시의 우수성을 널리 알리고 있다.

한편 『삼국사기』에 모시길쌈경연대회에 대한 기록이 나오는 점으로 보아 일찍이 길쌈놀이가 있어온 것으로 보이는데, 이런 전통은 오늘날까지 이어져 한산에서 열리는 한산 모시문화제에서 저산팔읍 길쌈놀이를 해마다 선보이고 있다. 모시의 중심지답게 한산에는 한산 모시관도 들어서 있다. 지난 1993년에 문을 연 한산 모시관은 한산 세모시의 맥을 잇기 위해 세운 것으로 전수교육관, 전통공방, 모시각 등의 시설이 갖추어져 있으며, 이 가운데 전수교육관에서는 모시와 관련된 옛책들과 모시짜기에 필요한 여러 도구들을 만날 수 있고, 전통공방에서는 모시풀 재배에서부터 모시짜기까지의 모든 과정을 볼 수가 있다.

또한 한산 모시관은 모시짜기에 매달리는 모시장이들의 사랑방이자 주변 마을에서 생산해내는 모시에 대한 온갖 이야기를 들을 수 있는 곳이기도 하다. 현재 한산에 자리한 여러 모시마을도 이 한산 모시관을 중심으로 펼쳐져 있다. 그 중에서도 오랜 옛날부터 알아주는 모시마을 하면 동산리를 빼놓을 수 없다. 한산 모시관이 지척인 동산리에는 현재 모시짜기에 매달리는 집이 급격히 줄어들어 10여 가구에도 미치지 않지만, 한산에서 알아주는 모시장이 나상덕 씨(71)가 아직도 모시마을

모시풀 밑동을 잘라 겉껍질을 벗겨내고 속껍질만으로 태모시를 만든다.

의 명성을 지키며 살아가고 있다.

나상덕 씨는 집과 모시관을 오가며 모시를 짠다. 대부분은 집안 지하실에 베틀을 두고 모시를 짜지만, 다른 사람의 일손이 필요한 모시날기과 모시매기를 할 때면 종종 모시관에서 일손을 빌리기도 한다. 나씨는 50년 넘게 모시를 짜오고 있는데, 그가 처음 모시를 짜기 시작한 것은 시집오기 전인 18세 때였다고 한다. "옛날에는 집집마두 살기 어렵잖여. 순전히 그 띠는 여자덜이 모시 혀서 양식두 팔아먹구, 장날마두 모시 짜서 내다팔구 그랬쥬." 그에 따르면 한산에 모시장이 서는 날이면 매번 한두 필씩 내다팔았다고 하니, 1년에 50여 필 가까이 모시를 내어왔다는 얘기다.

모시짜기는 깻잎처럼 생긴 모시풀 재배로부터 시작된다. 봄에 씨를 뿌린 모시풀은 줄기가 황갈색으로 변하고 2미터 가까이 자라면 밑동을 잘라 태모시(모시풀에서 벗겨낸 속껍질)를 만드는데, 6월과 8월, 10월 세 번을 잘라서 쓴다. "이파리는 짝 훑어내구 밑이를 잘라서 겉꺼풀을 벳겨내구, 속꺼풀만 가지구 태모시를 맨들어유. 그리구 인제 맨든 태모시를 모다서 마당에 싹 피놓구 물을 끼얹고, 말르면 또 끼얹구 그래면 낭중에 이게 보얀하게 바래져유. 그놈을 다시 물에 적셨다가 입으로 째는 거쥬." 태모시를 물에 적셨다 말리는 과정을 이곳에서는 '바래기' 과정이라고 하며, 입으로 째는 과정을 '모시째기'라 한다.

모시의 품질은 모시째기가 상당한 영향을 주는데, 그 까닭은 실과 올의 길고 고름이 여기에서 결정되기 때문이다. 모시째기가 다 끝나면 모시삼기를 한다. 모시삼기는 째기가 끝난 모시가닥을 '쩐지'(삼기틀)에 걸어 한올 한올 무릎에 놓고 실잇기를 하는 과정이다. 이때 실을 이어서 24미터 한 굿(뭉치)씩 모두 열 굿을 만들

마치 깻잎처럼 생긴 모시풀. 이 줄기의 껍질에서 모시가 나온다.

어놓는다. 그리고 열 개의 모시굿에서 실을 뽑아 젖을대(열 개의 구멍을 내어 모시올을 뽑는 대)와 날틀(모시올을 거는 말뚝)에 걸고 모시날기를 한다. 이 과정에서 한 필 날실의 길이와 새를 맞추는데, 열 새(1새에 80올)짜리 고운 모시를 짜려면 젖을대와 날틀 사이를 8백 번이나 오가야 한다.

이어지는 과정은 모시매기다. 날실을 새에 맞게 바디에 끼운 다음 다른 한쪽을 도투마리에 걸고 베솔에 콩풀을 묻혀 날실에 골고루 풀을 먹여 실올의 이음새를 질기고 매끄럽게 하는 과정이다. 이때 매기를 하는 바닥에는 왕겻불을 피우는데, 이렇게 하면 풀 먹인 날실이 잘 마르고 부드러워진다고 한다. 이렇게 해서 나

나상덕 씨가 한산 모시관에서 모시를 짜고 있다. 모시는 실이 약해 건조하면 툭툭 끊어지므로 모시를 짤 때는 습도를 조절해야 한다.

온 날실을 베틀에 걸어 짜면 된다. 모시를 짤 때 가장 조심해야 할 것은 다른 자연섬유에 비해 올이 약해 습도를 조절하며 짜야 한다는 점이다. 날씨가 너무 건조하면 날실이 툭툭 끊어지기 때문에 지금도 모시짜기 작업은 대부분 지하실에서 하거나 가습기를 틀어놓고 한다. 옛날에는 집집이 사람 허리 높이 정도의 땅을 파서 지하에 따로 모시를 짜는 방인 '모시 움집'을 두었다고 한다.

이렇게 짜낸 모시로 옷을 해 입으면 무엇보다 바람이 잘 통해 시원하고, 날아갈 듯 가벼우며, 땀이 차지 않는다. 더욱이 빛깔이 곱고 옷맵시가 살아 있어 기품이 느껴지는 것도 모시옷의 장점이다. 그러나 최근 중국산 모시가 한산 모시의 명성을 가로막고 있다. 한산 모시의 10분의 1 가격밖에 안 되는 저가 공세로 중국산 모시가 한산 모시시장을 위협하고 있는 것이다. 중국산이 이토록 싼 데에는 그만한 까닭이 있다. 품질 또한 10분의 1도 안 된다. 우선 한산 모시와 중국산 모시는 직조상태에서 커다란 차이가 난다. 한산 모시가 바닥이 고르고 섬세하며 잠자리 날개처럼 피륙이 투명한 반면, 중국산은 바닥이 거칠고 매듭이 많으며 피륙이 칙칙하다. 또 한산 모시의 올이 가늘고 매끈하다면, 중국산은 올이 굵고 이음새 자국이 툭툭 불거져 있다.

옷감의 전체적인 질감에 있어서도 한산 모시는 깔깔하면서도 윤기가 자르르 흐르고 튼튼해서 10년 이상을 입어도 늘 새옷처럼

모시째기를 하여 탄생한 모시올. 이 올을 가지고 모시삼기를 한다.

날실에 콩풀을 먹이는 과정인 모시매기를 할 때는 바닥에 왕겻불을 피우는데, 이렇게 해야 실이 잘 마르고 부드러워진다고 한다. 바닥에 희미하게 보이는 것이 왕겻불이다.

나상덕 씨가 다 짠 모시옷감을 살펴보고 있다.

입을 수 있지만, 중국산 모시는 윤기가 없고, 한 번 입고 나면 축축 늘어지거나 몸에 착착 감기고 찢어지기 쉬워 오래 입을 수가 없다. 한마디로, 보기에도 입기에도 좋은 것이 한산 모시인 셈이다. 그러나 문제는 이렇게 좋은 옷감을 두고도 한산 모시의 전통을 이으려는 사람이 거의 없다는 것이다. 현재 한산 세모시는 서천의 대표적인 특산품으로 한 해에 약 2만 필 정도가 생산되지만, 예전에 비해서는 생산량이 현저히 줄어들고 있는 형편이다. 요즘 모시를 짜는 분들이 대부분 60~70세가 넘었는데, 그들이 떠나고 나면 1천 년이 넘은 모시의 전통을 누가 이어갈 수 있을는지 아쉬울 따름이다.

 여행수첩

　서천군 한산에 가려면 서해안 고속도로를 타고 가다 장항 인터체인지로 빠져나와 29번 국도로 좌회전한다. 그렇게 조금만 가면 한산면이 나오고, 도로 왼쪽으로 한산 모시관(041-951-4100)이 보인다. 한산 모시관을 조금 지나 오른쪽 마을길을 따라 들어가면 동산리다. 한산 모시는 주로 5일장인 한산장(1일, 6일)과 판교장(5일, 10일)에서 유통과 거래가 이뤄지지만, 대부분은 한산장과 모시관에서 이뤄진다. 나상덕 씨(041-951-3131)를 비롯한 모시장이에게서 직접 구입하는 방법도 있다. 먹을 데와 잘 데는 서천 시내와 모시관이 있는 한산면에 몰려 있다.

춘장대 해수욕장과 서천의 청정구역 10선

다른 구경

서천에서 손에 꼽히는 관광명소로 서면에 있는 춘장대를 빼놓을 수 없다. 우리에게는 해수욕장으로 잘 알려진 이곳은 서천에서 특히 해넘이가 아름다운 곳으로도 통한다. 울창한 해송으로 둘러싸인 백사장은 2킬로미터 이상 드넓게 펼쳐져 있고, 주변 경치에 비해 사람들이 붐비지 않아 조용한 해변을 원하는 가족과 연인들의 휴식처로는 제격이다. 더욱이 개펄에는 '맛'이 많아 주말에는 '맛살잡이'를 나온 사람들로 붐빈다. 이들은 모두 작은 삽과 소금을 준비해오는데, 한두 시간 정도 맛살잡이를 하면 한 가족의 먹을거리로는 충분한 양을 잡을 수 있다. 맛을 잡을 때는 먼저 삽으로 모래를 약간 떠내고 맛이 드나드는 구멍에 소금을 집어넣는다. 그러면 구멍 속에서 맛이 고개를 빼꼼 내민다. 이때 고개를 내민 맛을 그대로 잡아빼면 된다.

해넘이가 아름다운 곳으로 통하는 춘장대.

서천에는 우리가 잘 모르는 관광명소들도 꽤 많은데, 군에서는 '청정구역 10선'이라 하여 열 곳의 청정구역을 선정해 보호하고 있다. 철새 도래지로 유명한 금강 하구와 송림숲이 아름다운 장항 삼림욕장, 춘장대 해수욕장을 비롯해 서면 마량리의 동넓은 호수와도 같은 금강 하구는 겨울철 철새 도래지로 유명하다.

백나무숲이 그림처럼 펼쳐진 동백정, 서해에서 유일하게 해돋이를 볼 수 있는 마량포구, 마량포구 위쪽에 자리해 있으며 전어축제가 열리는 홍원항, 백로와 왜가리 떼를 만날 수 있는 판교면 흥림 저수지, 시초면에 있는 봉선 저수지, 해송 천연림으로 유명한 희리산 자연휴양림, 서천 땅에서 가장 높다는 천방산이 모두 10선에 손꼽히는 청정구역들이다.

바닷가 조약돌이 보석이 되는 곳

태안 해옥마을 | 충남 태안군 소원면 파도리

파도리 해변 모래밭에는 희고 투명한 조약돌이 곳곳에 깔려 있으며,
이것을 가공해서 아름다운 '해옥'을 만든다.

해옥마을인 파도리 가는 길에 만난 우마차. 요즘 보기 드문 풍경이다.

태안의 여름 바다에 이르자 눈이 먼저 파랗게 파도에 젖는다. 태안은 동쪽만 서산 땅과 맞닿아 있을 뿐 나머지 삼면이 모두 바다로 둘러싸인 반도로서 해안선이 5백30킬로미터가 넘고, 무려 1백7개의 무인도와 11개의 유인도를 거느리고 있는 섬 천국이다. 또한 해안선을 따라 꽃지, 샛별, 파도리, 밧고개, 꾸지나무골, 바람아래, 학암포, 몽산포, 천리포, 만리포와 같은 어여쁜 이름을 지닌 해수욕장이 연이어 펼쳐지고 있어 일찍이 손에 꼽는 여름 피서지로 알려져왔다. 무엇보다 태안에서 만나는 해수욕장의 특징은 곱고 찰진 모래에 있다. 광고에서처럼 승용차가 다녀도 빠지지 않을 정도이다.

이런 찰진 모래밭 해수욕장 가운데서도 가장 유명한 곳이 바로 만리포 해수욕장이고, 이 만리포 해수욕장 바로 아래 자리한 곳이 파도리 해수욕장이다. 그러나 파도리 모래밭은 말 그대로 푹푹 빠지는 모래밭과 개펄과 바위가 뒤섞인 해수욕장이고, 규모도 작아 일반 사람들에게는 그리 많이 알려진 편이 아니다. 많이 알려지지 않아서 한적한 곳. 이곳이 또한 해옥마을이란 사실을 아는 이도 드물다. 소원면 파도리. 파도리는 이름처럼 파도소리를 지척에서 들을 수 있는 바닷가 마을로 해변 모래밭에는 전국 어디에서도 찾아보기 어려운 해옥의 원석인 희고 반투명한 조약돌이 곳곳에 깔려 있다.

  마을에 사는 안정웅 씨(60)는 이를 가져다 30여 년 가까이 해옥 공예품을 만들어오고 있는데, 파도리가 해옥마을이 된 데에는 그의 공로가 크다. 파도리에서 해옥 공예사를 하고 있는 그는 30여 년 전 처음으로 마을 해변의 반투명한 조약돌을 가져다 해옥 공예품을 만들기 시작했다. "73년부터 시작을 했어요. 처음에는 취미로 시작했는데, 이게 본업이 될 줄은 몰랐어요. 바닷가 조약돌이 이렇게 생긴 데가 없거든. 이건 인공적으로 깎은 거보다 더 멋있는 천혜의 자원인 셈이죠. 이 돌을 장신구로 개발하여 생명을 불어넣은 겁니다. 3년 정도 갖은 고생을 다 하며 개발했어요. 원석에 색을 입히는 착색 과정부터 물광을 내 보석으로 만드는 것 모두 오랜 실패 끝에 거둔 성과입니다."

해수욕장이기도 한 파도리 해변에는 해옥의 원석인 희고 반투명한 조약돌이 곳곳에 깔려 있다.

안정웅 씨는 해옥으로 반지, 목걸이, 바둑알통, 재떨이, 화분 장식 및 온갖 장신구를 만들어낸다.

해옥은 파도리 바닷가에서 나는 희고 반투명한 원석을 돌 속까지 물들여 색을 내고, 물광을 내서 원석보다 훨씬 윤기가 있게 만든 가공석이라 할 수 있다. 따로 해옥이란 보석이 있는 것은 아니며, 반투명한 조약돌이 안씨의 손을 거쳐 보석으로 거듭난 것이다. 본래 그의 고향은 충북 영동이었는데, 1973년 파도리로 이사와 살면서 우연히 바닷가에서 희고 반투명한 조약돌을 본 것이 그를 오늘날의 해옥 공예가로 만들었다. 해옥의 특별함은 단 한 가지도 똑같은 것이 없다는 것이다. 콩알만한 것에서 달걀만한 것까지 크기도 다양하고, 타원형에서 넓적한 것까지 그 모양도 다양하다. 따라서 해옥은 1백 개의 원석을 가공해 놓으면 1백 개가 모두 다른 크기, 다른 모습이다.

이곳의 해옥 원석은 규사, 규석, 철분석, 황옥, 홍옥 등 다섯 가지 석질을 함유하고 있다고 한다. 철분이 든 원석은 약간 붉은색이 감돌고, 규석이 든 원석은 흰색을 띠며, 황옥과 홍옥은 누렇고 벌건 색이 감돈다. 안정웅 씨에 따르면 이 해옥은 그냥 돌 가공품에 그치지 않는다. 옥을 몸에 두르면 좋은 것처럼 해옥도 마찬가지라는 것이다. 바닷가에 아무렇게

나 버려진 돌이라고 우습게 볼 것이 아닌 셈이다. 해옥 원석이 깔려 있는 바닷가는 해수욕장인데, 태안의 다른 해수욕장에 비해서는 사람들이 많이 찾지 않아 피서철에도 한적한 편이다.

이곳의 해수욕장 한편에 깔려 있는 모래밭과 자갈밭이 바로 해옥 원석이 숨어 있는 장소로, 지금도 모래를 파보면 희고 투명한 원석을 쉽게 발견할 수 있다. 이 해옥이 섞인 모래밭은 발바닥 지압 효과가 뛰어난 것으로 알려져 있는데, 외부인의 채취는 금지되어 있다. "처음 여기서 원석을 가져올 때는 마을 사람들이 바구니를 가져가서 이고 올 정도로 많았어요. 나도 집사람하고 해 뜰 때부터 줍기 시작해 해가 질 때까지 주웠어요. 이게 돌이다, 하면 고달팠겠지만, 이게 보석이다, 하고 생각하니 힘든 줄 모르고 작업을 했죠." 물론 지금 남아 있는 원석은 채취작업을 여러 번 한 상태여서 예전보다는 훨씬 적게 남은 편이다.

안정웅 씨는 이 원석을 가져와 깨끗이 세척을 한 뒤 착색을 해서 공예품을 만드는데, 실로 다양한 제품이 그의 손끝에서 나온다. 반지와 목걸이는 물론이고, 팔찌, 핸드폰고리, 열쇠고리, 스탠드를 비롯한 조명기구를 포함해 바둑알통, 재떨이, 화분 장식 및 온갖 장신구를 해옥으로 다 만든다. 이곳에서 만드는 해옥 공예품의 장점은 해옥을 갈고 잘라 가공하기보다는 자연 그대로의 모양을 살려 자연스러우면서도 멋스럽다는 것이다. 가령 조명기구를 만든다고 하면 다양한 모양과 크기의 해옥을 전등갓에 붙임으

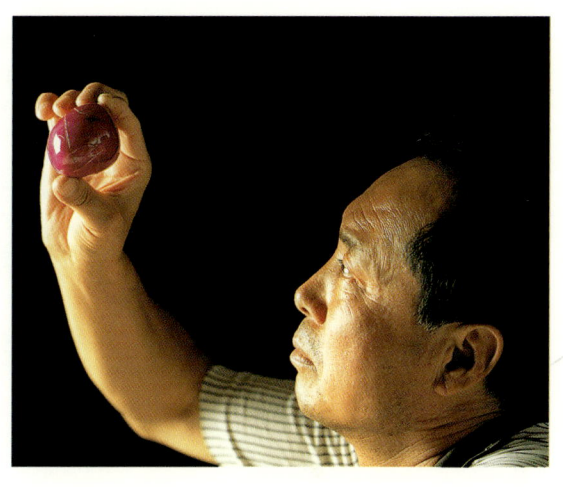

해옥 장인 안정웅 씨가 착색을 하고 물광을 낸 해옥을 살펴보고 있다.

해옥은 화분 장식으로도 손색이 없다. 해옥의 장점은 1백 개의 원석을 가공해 놓으면 1백 개가 모두 다른 크기, 다른 분위기를 띤다는 것이다.

로써 인공미보다는 자연미를 한껏 살린다. 또 목걸이를 만들어도 열 개의 목걸이가 모두 틀려 각기 다른 분위기를 풍긴다. 이런 해옥의 독특한 아름다움은 일본을 비롯한 외국에서도 알아줄 정도이다.

현재 안정웅 씨가 운영하는 해옥 공예사에서는 안씨가 만든 여러 해옥 제품을 감상할 수도 있으며, 마음에 드는 것은 직접 구입할 수도 있다. 또 말만 잘하면 직접 해옥 제품을 만드는 과정을 코앞에서 구경할 수도 있다. 그렇게 널리 알려지지는 않았지만, 파도리 해옥의 명성이 입에서 입으로 전해지면서 최근에는 해수욕장보다 해옥을 구경하러 오는 사람들도 적지않게 늘었다. 이에 따라 안씨는 파도리의 명물인 해옥을 좀더 많은 사람들에게 알리고 직접 해옥 공예품을 만들어보는 공간을 마련하고자 조만간 장소를 옮겨 공예체험교실도 열 생각이다.

 여행수첩

　서해안 고속도로를 타고 가다 당진이나 서산 인터체인지로 빠져나가 32번 국도를 타고 태안읍을 지나 만리포 해수욕장 쪽으로 계속 가다 보면, 모항에서 파도리 쪽으로 좌회전하는 길이 나온다. 잘 데와 먹을 데는 만리포나 태안읍, 안면도 쪽에 많은데, 여름에는 해변보다 읍내에서 숙식을 해결하는 것이 좋다. 문의 : 태안군청 문화관광과 041-670-2208, 해옥공예사(안정웅 씨) 041-672-9898, 041-672-9255.

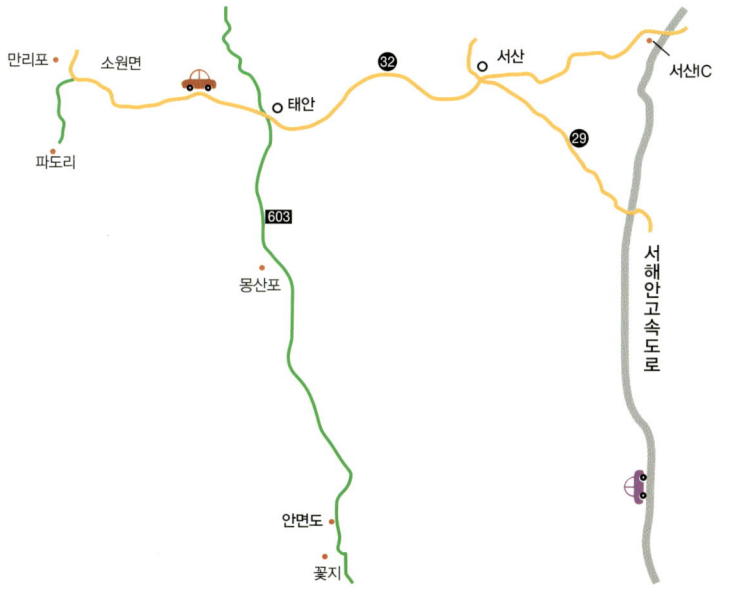

다른 구경

안면도와 꽃지 해수욕장

태안은 안면도가 널리 알려져 있다. 이는 아마도 아름다운 해수욕장이 많기 때문일 것이다. 그 중에서도 첫손에 꼽히는 꽃지 해수욕장은 모래밭도 모래밭이지만 특히 앞바다에 떠 있는 할미바위와 할아비바위 너머로 해가 떨어지는 풍경을 놓칠 수 없다. 이 두 바위에는 신라시대 해상왕 장보고에 얽힌 이야기도 전해온다. 신라시대 흥덕왕 때 바다를 주름잡던 장보고는 이곳 안면도에도 해상 전진기지를 두고 있었다고 하는데, 이 기지에 '승언'이라는 사람을 두어 다스리게 했다는 것이다. 그런 어느 날 장보고로부터 군사를 이끌고 북쪽으로 진군하라는 명령을 받고 승언은 아내와 떨어져 전쟁터로 나섰다. 하지만 두 해가 지나도록 남편이 돌아오지 않자 아내는 매일같이 바위에 올라 남편을 기다리다 결국 그 바위 위에서 죽고 말았다. 그때부터 사람들은 이 바위를 가리켜 할미바위라 불렀으며, 승언의 이름을 따 마을 이름도 승언리라 했다는 것이다.

예부터 안면도의 중심이나 다름없었던 승언리에는 죽죽 뻗은 소나무가 빼곡이 들어찬 소나무숲이 곳곳에 펼쳐져 있는데, 1991년에 생긴 안면도 자연휴양림도 이 소나무숲에 둥지를 틀고 있다. 안면도의 소나무는 구불구불하고 키 작고 못생긴 다른 지역의 소나무와는 달리 강원도 높은 산에서나 볼 수 있는 적송처럼 키가 크고 곧게 뻗어 올라간 것이 특징이다. 이곳의 소나무가 이렇게 잘생긴 데에는 이런 이유가 숨어 있다. 조선시대 왕실에서는 궁궐을 지을 나무나 왕족이 죽었을 때 사용할 관, 특별한 배를 만들 때 쓰던 나무로 안면도 소나무를 지정했다고 한다. 특히 왕

안면도의 중심이나 다름없는 승언리에서 볼 수 있는 소나무숲. 옛날 궁궐 건축에 쓰던 황장목들이다.

족이 죽었을 때 관에 쓰이던 나무는 황장목이라 하여 특별하게 관리했는데, 당시 왕실에서는 안면도 소나무숲을 '황장봉산'으로 지정하여 산에 오르지 못하게 하였다. 안면도 자연휴양림은 바로 이와 같은 유서 깊은 조선시대 황장목의 후손들이 자리한 곳에 들어서 있는 셈이다. 2002년 국제 꽃박람회가 열린 곳도 바로 안면도다.

안면도와 땅을 맞댄 남면 양잠리에는 백합연구소도 있다. 백합연구소는 1992년에 생겼는데, 해마다 여기서는 '인편 번식'을 통해 우수한 백합 알뿌리를 수십만 구씩 생산해내고 있다. 인편 번식이란 알뿌리에서 작은 조각을 떼어내 상자에 넣고 온도와 습도를 맞춰 새싹이 날 때까지 키워내는 방법을 일컫는다. 이렇게 새싹이 난 것을 땅에 심으면 한 달 정도 지나 잎이 나오기 시작한 안면도에 위치한 꽃지 해수욕장은 이름만큼 해넘이도 아름다운 곳이다.

다. 또 다른 방법으로는 '조직 배양'이 있는데, 이는 백합의 생장점 조직을 떼어내 무균한 공간에서 키워내는 것을 말한다. 현재 백합은 분류된 종류만도 2백여 종에 이르며 품종이 확실하지 않은 것까지 합치면 4백여 종에 이른다. 이 가운데 우리나라에서 유통되는 품종은 모두 20여 종 정도이다. 사실 백합의 경우 신품종을 개발하는 데 걸리는 시간은 무려 7~9년이나 된다고 한다. 우리나라에 우리 백합 품종이 거의 없는 것은 바로 그동안 백합 연구가 이루어지지 않았기 때문인데, 백합연구소에서는 품종끼리의 교배와 다양한 연구를 통해 곧 우수한 신품종을 만들어 농가에 보급할 예정이다

우리 땅 최초의 염전, 가도가도 소금밭

비금도 천일염마을 | 전남 신안군 비금면 구림리, 덕산리

비금도는 소금의 섬이다. 선착장에서부터
지당리, 구림리, 덕산리로 이어지는 길이 내내 천일염전이다.

뿌연 해무로 덮여 있는 비금도. 도초도와 이웃하고 있다.

목포에서 뱃길을 잡아 해 지는 쪽으로 간다. 팔금, 암태, 기좌를 지나 고만고만한 추엽, 노대, 수치 섬을 지나면 제법 덩치가 큰 섬이 눈앞을 가로막는다. 비금도다. 70여 개가 넘는 무인도와 6개의 유인도를 거느린 비금도는 해안선이 90여 킬로미터에 이르며, 다도해해상국립공원을 끼고 있어 경치 또한 아름다운 섬이다. 썰물 때면 거대한 갯벌이 섬을 에둘러 바지락을 캐러 나가는 해안 마을 아낙네의 모습이 그대로 그림이 되는 섬. 남쪽에는 도초도가 있고 서쪽으로는 흑산도, 동으로는 자은도와 암태도를 바라보고 있는 섬. 이 섬이 우리나라 소금의 본고장이라는 사실을 아는 사람은 드물다.

애당초 비금도(飛金島)라는 섬 이름도 '돈이 날아다닌다'는 뜻에서 비롯되었다고 하는데, 과거 비금도에서는 '개도 돈을 물고 다닌다'는 말이 있을 만큼 천일염의 호황 시절이 있었고, 그 잘 나가던 시절이 보잘것없던 섬마을을 '비금도'로 만들었을 것이다. 물론 기록에 따르면 비금도라는 이름은 날 비(飛) 자, 새 금(禽) 자를 써서 비금도(飛禽島)이다. 섬의 모양이 마치 큰 새가 날아가는 형상이라 하여 붙인 것이다. 그러나 섬 사람들은 지금도 비금도(飛金島)라 불리기를 원하고 있다. 옛날처럼 소금 호황기가 되었으면, 하는 바람 때문이리라.

어쨌든 비금도는 소금의 본고장이요, 소금의 섬이다. 가산 선착장에서 배를 내려 덕산리 쪽으로 오다 보면, 지당리, 구림리, 덕산리로 이어지는 길이 내내 천일염전이다. 길 양편으로 펼쳐진 염전은 상상했던 것보다 훨씬 넓어 여기서 저기 끝이 보이지 않을 정도로 드넓게 펼쳐져 있다. 하긴 4~5개 마을에 걸쳐 온통 염전지대이니 그럴 만도 하다. 그러나 지금은 곳곳에 염생식물이 웃자란 폐염전도 상당수에 이른다. 워낙에 지금은 염전이 많이 생겨난데다 중국산 소금값을 당해낼 수가 없어 많은 이들이 염전을 때려치우고 다른 일로 돌아섰기 때문이다.

비금도는 우리나라에서 가장 먼저 천일염을 생산한 곳으로 알려져 있다. 오랜 옛날에는 바닷물을 가마솥에 끓여 소금을 얻어내는 화렴이 있었고, 비금도에도 옛 화렴터의 흔적이 남아 있지만, 우리나라

비금도에서도 최초로 생긴 구림리 1호 염전에서 소금꾼 명진남 씨가 소금밭을 고르고 있다.

에서 지금과 같은 근대적인 염전이 생겨난 것은 1946년 비금도 구림염전이 최초다. 구림염전을 처음으로 개척한 인물은 박삼만 씨라고 한다. 그는 일제시대에 북한 땅인 평안도 용강군 주을염전에서 징용살이를 했는데, 해방이 되어 돌아온 뒤 구림리 갯벌을 막아 염전으로 개척한 것이 시초가 되었다. 그리하여 1948년에는 4백여 세대가 넘는 섬 사람들이 힘을 합쳐 '대동염전조합'을 결성하고, 오늘날의 드넓은 염전지대의 토대가 될 만한 염전을 조성하기에 이르렀다.

올해로 비금도에 염전이 들어선 지 57년이 된 셈이다. 비금도에 들어선 염전이 알려지기 시작하고 소금 판매가 호황을 띠면서, 염전에 의한 소금제조법은 점차 주변의 섬에서 뭍으로 퍼져

증발지에 소금이 내려앉으면 채렴 대패로 밀어 소금을 한곳에 모은다.

나가 오늘에 이르게 되었다. "아주 옛날에는 전부 화렴식으로 가마솥에 물을 넣고 불로 땝답디다. 저 아래 구염전이라 카는데 거기 화렴터가 있었소. 지끔은 거기도 논 되야부렀소. 바닥에 흙판이나 옹편 깔고 이런 염전은 해방되고 나서 생기부렀소. 내가 이 염전을 한 것도 서른네댓해는 넘을 것이요." 지당리 신유마을에서 만난 강종원 씨(56)의 이야기다. 그는 소금철(6월~9월)이면 새벽 5시쯤 염전에 나왔다가 점심 때 한 번 밥을 먹으러 집에 들어가고는 저녁 늦게까지 염전에서 일을 한다고 한다.

채렴 대패로 한곳에 모아놓은 소금. 볕과 바람이 좋은 여름 날씨에는 이틀 정도면 소금 결정이 된다

"이게 봄이나 가을에는 염도가 쓰져(써지다). 여름에는 볕도 좋고, 바람도 있으니 안 쓰죠 몇 년 전만 해도 수차가 있었는디, 지금은 다 뽀사뿔고 이래 모다(모터)로 돌려부리요. 해주에 당가놓은 물을 다시 밭으로 뺄라믄 모다가 있이야지." 바닷물이 소금이 되기 위해서는 여러 단계의 과정을 거쳐야 한다. 그 첫번째 과정은 바닷물을 끌어올려 해주(함수구, 물을 저장하는 곳이며, 일부 지역에서는 소금창고를 해주라 부르는 곳도 있다)에 저장하는 과정이다. 두번째는 해주에 저장했던 물을 증발지로 옮기는 물대기 과정이다. 물대기가 끝나면 증발지에서 어느 정도 증발을 시킨 다음 결정지로 물을 옮겨 댄다.

여기서는 소금 결정이 될 때까지 물을 가두어두는데, 볕과 바람이 좋은 여름 날씨에는 이틀 정도면 소금 결정이 된다고 한다. 이 소금 결정체가 하얗게 바닥에 내려쌓이면 이제 채렴 대패로

비금도의 구림리, 지당리, 덕산리 등에서는 염전은 넓고 많은 데 비해 일할 사람은 턱없이 부족한 실정이다.

거두어 소금창고로 옮기면 된다. 보통 바닷물이 소금 알갱이가 되기 위해서는 섭씨 25도가 넘어야 하며, 30도 안팎으로 올라가는 여름 날씨가 제격이다. 그러나 햇볕만 좋아서는 좋은 소금을 얻을 수가 없다고 한다. 바람이 살랑살랑 불어줄수록 결정체의 크기도 커진다는 것이다.

덕산리에서 만난 권선배 씨(59)에 따르면, 덕산리에만 70정보, 구림리와 지당리를 비롯한 다른 지역에 1백여 정보 정도의 소금밭이 있다고 한다. 그러나 염전은 넓고 많은 데 비해 일할 사람은 턱없이 부족하다고 한다. "나이 먹은 사람은 염전 일을 못 히여. 또 젊은 사람들은 염전 일을 안 히여. 우리도 이것을 부업으로 하지, 본업으로는 못 히여. 이제는 시세가 없어논께 어쩔 수가 없어." 염전의 수가 늘어나고 중국산으로 인해 피해를 입는 염전업자가 많아짐에 따라 요즘은 당국에서 일정 정도의 보상을 해주고 폐염을 시키고 있는 실정이란다. 실제로 비금도의 폐염전은 이런 당국의 정책에 따라 폐염시킨 사람이 대부분이라고 한다. 신유마을 강종원 씨도 요즘의 어려운 상황을 이렇게 털어놓았다. "이게 말이요, 인자는 수입자율화가 돼가꼬, 겁나게 어렵소. 인자 수입 소금에 대항 못 할 판이요."

최초로 생긴 구림리 1호 염전에서 만난 명진남 씨(61)도 비슷한 심정을 토로했다. "이거 해서는 빚도 못 갚고, 용돈도 못 해요. 이거 시설비 하는 데 들어가는 장판도 한 자락에 15만 원인디, 소금금은 싸고, 전체 중에 폐염전이 10프로가 훨씬 넘어요. 농사를 지어도 안 되고 하니, 이 짓을 안 할 수도 없는 노릇이고, 참, 갑갑합니다. 그래도 여기 소금이 맛은 기가 막혀요. 수입 소금 이런 거는 써서 못 먹어요." 사실 비금도에서 생산되는 소금은 수입 소금에 비해 염도가 낮아 짜고 쓴맛이 덜하며, 김장이나 장아찌 같은 절임과 장류 식품을 담기에 적당하다.

천일염이란 것이 다 그렇겠지만, 비금도의 소금은 그 어떤 곳보다도 깨끗한 친환경 소금이라 할 수 있다. 오염되지 않은 청정 바닷물을 끌어올려 유해성분이 없는 갯벌 소금밭에서 깨끗한 바람과 풍부한 일조량으로 소금을 생산해내고, 여기에 정성까지 녹아 있으니 비금도 염전의 소금은 정성의 맛이 반이요, 자연의 맛이 반이다. 또한 소금의 색깔도 수입 소금보다 훨씬 희며, 결정체도 선명하고 굵은 게 비금도 소금의 특징이다. 그래서 소금을 아

증발지에 쌓아놓은 소금더미. 한 소금꾼이 수레에 소금을 실어나르고 있다.

지당리 신유마을에서 만난 강종원 씨가 소금을 창고에 부리고 있다.

는 사람들은 비금도 소금을 일부러 찾기도 한다.

비금도에 드넓게 펼쳐진 염전은 저녁 무렵이면 온통 노을빛으로 물들어 그지없이 아름다운 풍경을 연출한다. 워낙에 넓은 소금밭이고 저마다 물을 대어놓은 터라, 맑은 날이면 하늘의 구름과 소금밭 너머의 바위산과 나무와 소금창고의 모습이 너무나 아름다운 물그림자를 만들어낸다. 여기에 붉고 노란 노을까지 번지면 구림리 일대의 염전은 전체가 거대한 자연의 캔버스로 변해 수시로 변하는 노을빛을 고스란히 담아낸다. 감히 비금도의 제1

경을 뽑으라면 나는 주저 없이 이 염전의 저녁 풍경을 꼽고 싶다. 사실 비금도에는 원평 해수욕장과 하느님 해수욕장, 명사십리 해수욕장, 성치산성 등 볼거리가 많지만, 염전의 풍경에는 미치지 못한다. 더욱이 그 저녁 노을을 배경으로 소금밭을 걸어 집으로 돌아가는 소금꾼의 모습은 마음에 내내 담아두고 싶은 풍경으로 다가올 것이다.

여행수첩

　비금도에 가려면 서해안 고속도로를 타고 가다 목포 인터체인지로 빠져나와 목포항(061-243-0116~7)이나 북항(비금농협선 061-244-5251)까지 간다. 서울에서 목포까지 하루 12회 열차 운행(5시간). 강남터미널에서 고속버스도 40분 간격으로 운행(5시간)한다. 목포항이나 북항에서 차도선으로 갈 경우 비금까지 2시간 30분 정도가 걸리며, 쾌속선은 50분 정도가 걸린다. 목포항에서는 쾌속선과 차도선이 1일 3회 운항하며, 북항에서도 비금농협 카페리 차도선이 1일 3회 운항한다. 성수기에는 배편이 늘어날 수 있으므로 항구에 문의한 후 출발한다. 배 시간에 맞춰 섬지역을 도는 버스가 운행한다. 문의 : 신안군청 문화관광과 061-240-1241, 비금면사무소 061-275-5231, 민박 : 하와이 061-275-8179, 삼거리 061-275-1251, 바닷가 061-275-1250, 오란다 061-275-5321, 소금 구입 문의 : 061-275-5251~3, 명진남 씨 061-275-5754.

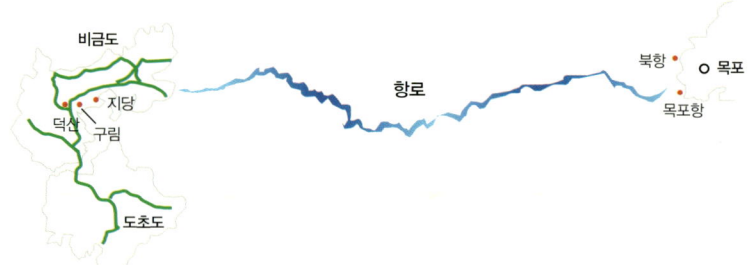

비금도의 해수욕장과 이웃 섬 도초도

다른 구경

목포항에서 54킬로미터 떨어진 비금도에는 한적하고 아름다운 해수욕장이 세 군데 있다. 그 중에서도 염전지대가 있는 구림리에서 가까운 명사십리 해수욕장은 4킬로미터가 넘는 모래밭이 펼쳐져 있으며, 물깊이가 완만해 아이들도 마음놓고 해수욕을 즐길 수 있다. 이 해수욕장 서쪽에는 원평 해수욕장이 자리하고 있는데, 모래밭은 2킬로미터에 불과하지만 곳곳에 해당화가 피어 있고 앞바다에 많은 섬들이 점점이 떠 있어 풍광이 아름다운 해수욕장으로 손꼽힌다. 내월리에 있는 하느님 해수욕장은 비금도에서 일몰이 가장 아름다운 곳으로 손꼽히는데, 해수욕장 주변에 펼쳐진 해안 절벽도 덤으로 구경할 수 있다. 비금도에는 고려시

저녁노을로 물든 도초도의 바다 풍경.

명사십리 해수욕장 근처에는 끝이 보이지 않을 정도의 거대한 갯벌이 펼쳐져 있다.

대에 쌓았다는 성치산성도 볼 만하다. 산성 꼭대기에는 봉화대가 아직도 남아 있으며, 과거 이 봉화대에 연기를 피워 목포의 유달산 봉화대로 왜구의 침입을 알렸다고 한다.

비금도는 도초도와 연도교인 서남문대교로 연결되어 있는데, 이 대교에서 바라보는 해질 무렵 풍경이 기막히다. 서남문대교를 건너면 도초도에도 염전이 펼쳐진 모습을 볼 수가 있다. 도초도는 과거 초가집이 많이 남아 있어 섬 전체가 초가마을이나 다름없었는데, 지금은 헛간채 정도만 간간이 남아 있을 뿐 살림채는 거의 남아 있지 않다. 도초도 고란리와 외남상리에서는 섬 특유의 매장형태인 초분을 볼 수 있고, 마을 들머리에서 돌장승도 만날 수 있다. 도초도에는 비금도만큼 해수욕장이 많지 않지만, 외지인에게 별로 알려지지 않아 한적하기 이를 데 없는 시목 해수욕장이 있다.

부안군 곰소염전과 석모도 매음리 염전

다른 마을

일반인에게는 '염전' 하면, 곰소염전이 많이 알려져 있다. 곰소염전은 해방 후 뭍에서는 가장 일찍 생겨난 염전 가운데 하나로, 과거에는 약 1백 정보의 소금밭이 있었다고 하지만 지금은 절반 정도가 양식장으로 바뀌어 50정보 정도의 소금밭만 남아 있는 상태다. 곰소 소금은 다른 지역에서 생산되는 소금보다 결정체가 딱딱하고 잘 부서지지 않으며, 몸에 좋은 미량요소가 많이 들어 있다고 한다. 곰소염전의 소금꾼은 새벽 2시쯤 시작된다고 하는데, 여름철이면 해가 뜨기 전에 1차로 소금을 거두고 해 지기 전에 한 번 더 소금을 거둔다. 결정지에 한번 가둔 물은 많게는 3~4

전북 부안에 있는 곰소염전은 뭍에서 가장 일찍 생겨난 염전 중 하나이다.

회까지 소금을 거둔다고 한다. 염전에서 그리 멀지 않은 곳에는 곰소 소금으로 맛을 낸 젓갈집이 즐비하게 들어서 있다.

　강화군 석모도 매음리에도 천일염전이 있다. 민머루 해수욕장과 어류정항, 장구너머항 사이에 자리한 이 염전은 1957년 매음리 주변의 바다를 매립하여 만든 것으로, 우리나라에서는 최북단에 위치한 염전이라 할 수 있다. 이곳에서 생산되는 소금은 한강과 임진강, 한탄강이 합류하는 지점인 까닭에 염도가 다른 지역에 견주어 낮다고 한다. 사실 소금은 염도가 낮을수록 좋은 소금이라 할 수 있는데, 이곳의 소금이 그만큼 품질이 뛰어나다는 얘기다. 만일 석모도를 가게 된다면 보문사와 더불어 어류정에서 갯벌체험과 함께 매음리에서 염전체험을 하는 것도 좋은 경험이 될 것이다.

제3부 가을 마을

■ 양양 민속 떡마을
강원 양양군 서면 송천리

봉화 한과마을
경북 봉화군 봉화읍 유곡리 닭실마을

영동 손끝감마을
충북 영동군 상촌면 물한리

괴산 전통 한지마을
충북 괴산군 연풍면 원풍리 신풍마을

양양 송이마을
강원 양양군 현북면 명지리

광천 토굴 새우젓마을
충남 홍성군 광천읍 옹암리 독배마을

떡메 치는 떡장수 부부가 여기 산다
양양 민속 떡마을 | 강원 양양군 서면 송천리

송천리에는 10여 가구 정도가 전통 떡을 만들어오고 있다.
그 중 탁영재 씨와 김순덕 씨 부부는 아직도 전통적인 떡메 치기로 떡을 만든다.

양양의 남대천 자락을 따라 올라가면 오색천과 후천이 서면 송천리에서 각각 설악산과 구룡령 쪽으로 갈라져 올라간다. 송천리 앞을 흐르는 물줄기는 송천계곡을 이루며, 소나무숲과 논밭 사이를 구불구불 휘감는다. 개울 속내가 훤히 들여다보이는 청정계곡이다. 이 송천계곡이 있는 송천리는 최근 민속 떡마을로도 이름을 알리고 있다. 이름처럼 이 마을에서는 30여 가구 중 3분의 1인 10여 가구 정도가 우리네 전통 떡을 만들어오고 있다. 게중에는 기계를 쓰는 집도 있고, 전통적인 떡메치기로 떡을 만드는 집도 있다. 어쨌든 송천리는 마을 들머리부터 향긋한 떡 냄새가 난다.

송천리가 떡마을로 불리게 된 것은 20여 년 전으로 거슬러 올라간다. 마을에 살던 탁영재 씨(65)와 김순덕 씨(59) 부부가 전통적인 방식인 떡메로 쳐서 만든 떡을 인근에 팔기 시작하면서 주변에 입소문이 나기 시작한 것이다. 아직까지도 이들은 이런 전

김순덕 씨와 탁영재 씨 부부는 떡장수 부부로 아직도 전통적인 방식인 떡메로 쳐서 떡을 낸다.

통적인 방식을 고집하고 있는데, 그 고집 때문인지 떡맛 또한 옛 어머니의 손맛을 그대로 맛내림 해오고 있다. 사실 떡마을로 소문난 송천리에서도 이토록 떡 만들기 전 과정을 전통적인 방식으로 고집하는 집은 이 집밖엔 없다. 하긴 이들 떡장수 부부가 없었다면, 송천리가 떡마을로 불리지도 않았을 것이다.

메로 친 떡은 기계로 뺀 떡에 견주어 찰기가 더하고, 냉동을 시켰다가 먹어도 꺼내어 녹이면 금방 내온 떡처럼 쫄깃하다.

"그 전에는 오색이니 낙산사니 해서 츠음에는 떡을 해가지구 인제 팔러 댕깄쥬. 옛날에는 오색이 저 비포장도로거등유. 여서 한 50리 되는데, 여서 쪼그만치 이구 가서 팔 만치 해가지구 갔쥬. 그래 가지구 도로가 완전히 뚫린 담에 인제 어지간히 해가지구 팔러 댕깄쥬. 신문에 나니까 여기 부인회에서두 인제 열 집이 마아 가지구 하다가 지끔은 아홉 집이서 하구 있어유." 탁영재 씨가 들려준 떡마을 내력이다. 처음 떡을 만들어 팔겠다는 생각은 부인인 김순덕 씨로부터 나왔다고 한다. 어려운 살림을 어떻게든 일으켜야겠다는 생각에서 떡장수를 생각하게 되었다는 것이다.

"친정이 저 속초 비행장 있는데유. 거두 촌이니까, 떡을 집이서 쳐서 해먹었거등유. 근데 시집을 오니까 너머너머 살기가 어렵드라구유. 여기 시집을 중신 서서 왔거등유. 중신 서는 사람이 거기에 시집가면 장작불 때구 이밥 먹는다 그래. 그래 이리 시집 왔쥬 뭐. 중신애비한테 쏙었지 폴딱. 쏙어서 오니 잘살긴 뭘 잘살어. 장작불은커녕 풋낭구만 때덩걸. 방아 찌면 싸래기 나오는 거, 그거까지 다 밥에다 안쳐 먹었어유. 스래기두 밥에 안쳐 먹구. 스물다섯 살 때 골러골러 온다는 게 여길 찾아왔지. 그래 가지구 츠음

171

에는 옥수수 팔러 댕깄는디 낙산까지 걸어가며는 이게 쉬는 거유. 그래 가지구 인제 떡을 해 갖다 팔었쥬. 떡을 해서 오색에 가 팔으니까 무굽지는 않애두 길이 머니까. 근데 막 만 원씩 그래 잘 팔리능 거유. 그 전에는 만 원이면 큰 돈이래유. 그래 가지구 우리 지금 스물다섯 살짜리 가 낳구부터는 이걸 본격적으루 했쥬. 시집온 지 벌써 34년이 넘었네. 스물다섯 살 때 시집와가지구, 하조대구, 낙산이구, 오색이구 뭐구 안 가반 데가 없어. 츰 시집을 오니까 이케 여기 강원도 말루는 장뇌쌀이라 그러잖우. 쌀이 모자라며는 남의 집에 가 가을에 주기루 하구 쌀 가주와 먹구, 이자 얼마 쳐서 주구, 그렇게 하드라구. 그래 가지구 이걸 하면서 괜찮드라구유. 그래구 농사 지은 쌀루다 하니까 일단 쌀값이 안 나가잖어유. 그래구 기계루 안 하구 직접 쳐서 하니까 내가 어디 가서 떳떳하게 이거 손으루 직접 만든 떡입니다, 하구 팔 수가 있구. 그래니까 지금 우리가 이렇게 됐지."

　김순덕 씨는 자신의 떡집이 전국에서도 알아주는 떡집이 된 것이 떡메로 쳐서 내는 전통적인 방식에 있었으므로 앞으로도 편하게 기계로 낼 생각은 조금도 없다고 한다. 아무래도 기계가 편하기는 해도 맛에 있어서는 떡메로 치는 떡을 따라올 수 없기 때문이다. "지금 우리가 이르케 힘들게 해두 기계루 할 생각은 조금두 없어. 그래구 이거는 이 안반하구 떡메하구 이래 딱딱 붙으면서 이래 하기 때문에 이게 끈기가 있구 부드러운데, 기계루 하는 거는 쌀알이 차지지를 않구, 똑똑 끊어지면서 그렇게 되니까 쌀이 굳을 수밖에 없어유. 근데 우리 꺼는 이르케 놔두며는 이게 내일 저녁까지 둬두 요대루 그냥 있어유. 이걸 택배루 보내는 거는 고물 묻히는 거보다 안 묻혀가지구 그냥 쳐가지구는 썰어서 고물

따루 너서 보내주면 사람덜이 더 좋아해유. 손님덜이 그거를 바로 냉동시켜가지구 먹구 싶을 때 꺼내노면 다시 말랑말랑해지거등유. 그래 그냥 고물 묻혀 먹을래면 먹구 그러면 돼유."

메로 친 떡이 기계로 뺀 떡에 견주어 찰기가 더하기 때문에 냉동을 시켰다가 먹을 경우 20일 정도 넣어놓고 먹어도 굳지 않는다고 한다. 저녁에 꺼내놓고 아침에 먹어도 방금 한 떡과 별 차이가 없다는 것이다. 하지만 분명 기계보다는 메로 치는 것이 손도 많이 가고, 불편하고 힘든 것이 사실이다. 김씨 또한 떡 만드는 과정 가운데 가장 힘든 과정이 메를 치는 일이라고 털어놓는다. "이거를 우리 아저씨하구 나하구 치는데, 아덜 있을 땐 우리 아덜이 하구, 또 아덜이 없을 땐 내가 해야지 뭐. 인절미를 많이 하니까. 떡판이구 떡메구 몇 개를 갈었는지 몰라유. 떡메는 1년 쓰며는 갈게 되구, 그래유. 손님이 마이 오니까. 온 사람덜이 쇠공(소경) 메질하듯 한다구. 그래가지구 메 두 개 뚝 분질러놓구 가구 막 그래유. 안반은 소나무루 한 거구, 떡메는 느릅낭구루 한 건데, 원래 옛날에는 피나무 안반이 좋다 그러드라구유."

탁영재 씨에 따르면 보통 떡이 많이 나갈 때가 추석과 설, 보름 때라고 하는데, 그때는 하도 메를 쳐서 어깨가 굳을 정도라고 한다. 또 찹쌀이 아닌 경우 메 치는

김순덕 씨가 떡반죽을 고르고 있다.

173

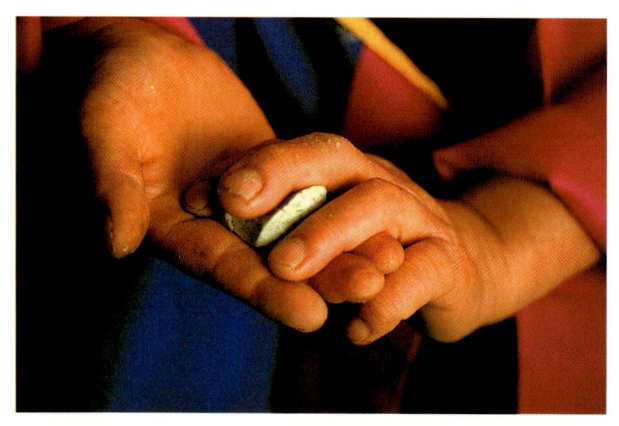

김순덕 씨가 송편을 빚고 있다. 김씨네는 인절미와 송편을 가장 많이 낸다.

일은 더욱 힘들어진다. 현미나 멥쌀은 잘 붇지 않을뿐더러 아무리 메를 쳐도 우들우들한 것이 잘 으깨지지 않는다는 것이다. 하지만 힘들게 떡을 해놓으면 현미쌀이 훨씬 구수하고 맛있다고 한다. 이들 떡장수 부부가 만드는 떡은 인절미, 송편, 기정, 백설기, 계피떡(바람떡), 옥수수 경단, 영양떡, 찹쌀떡을 비롯해 10여 가지가 넘는다. 그 가운데서도 인절미와 송편, 영양떡과 찹쌀떡을 가장 많이 낸다.

"인절미를 젤루 많이 하구유, 그 담에는 송편이쥬 뭐. 송편은 한 40분에서 45분 정도 쪄유. 밤 는 거는 금방 쪄지구, 콩은 더디 쪄지쥬. 송편에는 콩두 들어가구, 깨두 들어가구, 밤두 들어가유. 근데, 밤은 금방 쉬어유. 송편은 콩 는 게 젤 맛있어. 서울 사람덜은 바람떡이라구 하는데, 여기서는 계피떡이라 하는 거두 하구. 찹쌀떡두 이래 쳐가지구 하면 너머 맛있어유. 영양떡은 찹쌀만 이래 갈어가지구는 거기다가 마른 호박 있쥬, 잘 익은 호박 말렸다가 부풀려가지구 고거 느쿠, 서리태콩이라구 속 파란 거 그거 느쿠, 밤 느쿠, 대추 느쿠, 그러케 가지구 쯔며는 너머 맛있어."

여러 떡 가운데 이들 떡장수 부부가 가장 자신 있게 내놓는 떡은 역시 인절미다. 처음 떡장수를 시작할 때 인절미로 시작을 했거니와 메로 쳐서 손맛을 내기에는 인절미만한 게 또 없다는 것이 김순덕 씨의 말이다. "인절미는유, 낼 아침에 찔 거는 하루 전날 담거놔유. 최소한두 빨리 할 때는 네 시간 불리며는 어느 정도 되거등유. 쌀은 푹 불어야지 떡이 맛있어유. 그러구 찌는 거는 한 시간 정도 찌구 나서 안반에 놓구 치는 거쥬. 잘 쳐야 쫄겨유. 인절미 할 때는 아이밥(애벌밥)이 됐을 때 소금간을 해유. 이 소금간을 맞춰야 맛있는 인절미가 되는 거유. 너머 소금물을 많이 느면 질어서 못 쓰고, 쪼금 느면 또 꼬두밥이 돼서 못 써유. 아이밥이 되구서두 한 15분 정도 더 불을 때야 돼유. 소금간 한 상태에서 또 뜸을 들이는 거쥬. 불이 너머 느슨해두 안 되구, 이거를 또 안반에 바로 넣어 치면 다 튀어나와요. 그래 함지에 느쿠 쪼금씩 쳐서 나가야 돼유."

이들 부부가 떡을 칠 때 보면, '뚝, 딱, 뚝, 딱' 박자가 착착 잘도 맞는다. 보통 아무것도 넣지 않는 인절미는 10~15분 정도, 쑥이나 취가 들어간 인절미는 그보다 훨씬 더 오래 쳐야 한다. 또 쑥이나 취가 들어간 인절미는 나물이 들어간 만큼 애벌밥 때 소금간을 더 해야 맛있는 떡이 된다고 한다. 쑥의 경우 독기를 빼기 위해 하루 전날 삶아서 건져놓았다가 떡을 하는 것도 요령이다. "쑥은 그래야 냄새두 너머 독하지 않어유. 요새 사람덜은 너머 또 냄새가 심하면 안 좋어해유. 팥고물두 껍디기를 벳겨가지구는 가마솥에 푹 삶아가지구 이래 걸러유. 이르케 하며는 한여름에두 잘 쉬지를 않어유. 팥을 푹 삶으면 앙금이 생기거등유, 그걸 가지구 고물을 허는 거유. 콩가루 고물은 뽑을 때 소금하

여기서 만드는 송편에는 콩소, 깨소, 밤소 등이 있지만, 사람들은 콩이 들어간 송편을 가장 많이 찾는다.

김순덕 씨가 가마솥에서 막 쪄내 김이
모락모락 오르는 송편을 꺼내고 있다.

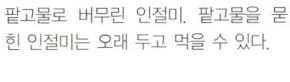
팥고물로 버무린 인절미. 팥고물을 묻힌 인절미는 오래 두고 먹을 수 있다.

구 설탕하구 느쿠 뽂어유. 노란 콩가루는 맛있기는 해두 그거는 빨리 물기를 빨아들여 빨리 굳어유. 금방 잡숫는 분들은 콩가루 해서 잡숫고, 오래 먹는 거는 팥고물루 하구 그래유. 아이구, 겨울에 많이 할 때는유. 하루에 열일곱 말씩두 해유."

사실 떡이라는 것이 손맛에 따라 맛이 결정된다고 해도 지나친 말이 아니다. 똑같은 쌀을 가지고 똑같은 재료를 써서 해도 어떤 것은 맛있고, 어떤 것은 맛이 없다. 때문에 이들 부부는 다른 사람의 손을 좀처럼 빌리지 않는다. 다른 사람을 쓰게 되면, 맛이 달라지고, 맛이 달라지면 손님이 찾지 않는다는 것이다. 그래서 힘들더라도 이들 부부는 모든 떡을 순전히 부부의 손만으로 만들어낸다. "사람 손에 따라 맛이 달러유. 우리가 사람을 안 사서 하능 게 다른 사람은 맛을 낼 줄 모른다기보다 달라지능거유. 해봐야 내가 손이 다 다시 가야 되기 땜에 있으나 마나유. 떡 치는 거는 인제 겨울에 애덜하구 애덜 친구덜이 와서 도와주니까 하지만, 맛 내는 거는 한 사람이 해야 돼유. 소금을 요만큼 늫는 사람,

저만큼 늦는사람 다 달르니까. 여럿이 하며는 그걸 소금간을 다 맞출 수 없잖어유. 그래 우리 혼자 하는 거유." 하지만 쌀이나 콩, 팥과 같은 재료를 얻는 일은 어차피 이웃의 힘을 빌릴 때가 많다. 물론 대부분의 재료는 손수 농사지은 것으로 해결하지만, 떡장수 일에 매달리다 보면 아무래도 농사에는 한계가 있게 마련이다.

"우리 농사진 거 가지구 해두, 우리 것만 가지구는 모질라잖어유. 그래 쌀을 사 써유. 그 사람덜은 팔러 가서 고생 안 허구. 우린 사러 가서 고생 안 허구. 그러니까 좋지 뭐. 콩, 팥 이른 거는 전에는 많이 심었는데, 지금은 손이 딸려가지구 못 해유." 농사에서 나오는 재료야 그렇다 치고 떡에 들어가는 쑥이나 취와 같은 나물은 아무래도 손수 나서서 뜯어와야 하는데, 때문에 이들 부부는 나물철이 되면 나물꾼이 되어 대청봉이고, 점봉산이고, 인제 진동 계곡이고 안 가는 데가 없다고 한다. "봄에는 하루 종일 나물 뜯으러 한 달 내내 저기 점봉산, 진동리 안 가본 데가 없쥬. 저기 대청봉까지 댕기며 나물 했어유. 올 봄에두 점봉산 가서 취, 쑥, 모시잔대 이런 거 다 뜯어왔쥬. 사람을 안 사가지구 할래니까 둘이 나물도 뜯구, 떡두 허구 그러쥬 뭐. 저 진동에 가면 고매통골, 배나무목재이, 곰뱅령 말랑이(곰배령 마루) 거기 나물이 맛있거등. 거기는 모시잔대두 안 뜯어가지구 속 꼬개이가 이래 그냥 있어유."

오랫동안 전통적인 방식을 고집하며 떡장수 일을 해오다 보니 한두 번 떡을 사갔던 사람들은 대부분 단골손님이 되었다. 나물 뜯으러 갔다가 만난 사람

인절미를 바로 먹을 때는 콩고물을 묻힌 것이 가장 맛이 있다. 김씨네는 처음 시작할 때 인절미로 떡장수를 시작했고, 지금도 대표적으로 내는 떡이 인절미이다.

들 가운데는 직접 나물을 뜯어 떡을 만든다는 것을 안 손님들이 단골이 된 경우도 있다. 단골이 많다는 것은 그만큼 인정받았다는 얘기가 된다. "우린 단골 손님이 많어유. 이 떡은유 내가 얼마큼 정성 들여 해드리느냐, 그게 중요해유. 그냥 이르케 얼탕두탕(얼렁뚱땅) 하며는 안 돼. 음식이라는 거는 내 손에서 맛이 우러나는 거기 때문에 정성이 그만큼 들어가야 돼유." 정성 없이 어찌 손맛인들 있을 리 있겠는가. 정성을 빚는 떡장수 부부. 이제는 어느 정도 허리를 펼 만도 하건만, 이들 부부는 오랫동안 이들의 손맛을 잊지 않고 찾아주는 손님들이 마냥 고마워 오늘도 새벽부터 일어나 찹쌀을 찌고, 떡메를 친다. 만일 송천리 떡마을에 들르게 된다면 이들 부부의 금실 좋은 떡메 소리를 곁에서 들을 수 있을 것이다. 더불어 입에 착착 감기는 인절미며, 송편도 배불리 맛볼 수 있을 것이다.

이 호박고지는 영양떡에 들어갈 재료다. 영양떡은 찹쌀가루에 마른 호박과 서리태콩을 넣고, 밤과 대추 등을 넣어 찐 떡으로 김순덕 씨도 자신이 만든 떡 중에 가장 맛있다는 떡이다.

 여행수첩

떡마을인 송천리에 가려면 영동고속도로를 타고 가다가 양양 인터체인지로 빠져나와 7번 국도로 바꿔 탄 뒤, 양양읍까지 와서 44번 국도를 타고 오색 방향으로 가다 보면 56번과 갈라지는 삼거리가 나오는데, 삼거리에서 좌회전하여 고개를 넘어가면 송천리다. 고속버스는 강남과 동서울에서 수시로 있으며, 시외버스로도 동서울과 상봉에서 갈 수 있다. 송천 떡마을 탁영재 씨 033-673-4316 : 인절미, 송편, 팥시루떡 한 말 8만 원(택배비 5천 원), 닷 되 4만 원, 호박 영양떡 한 말 10만 원. 오색그린야드가족호텔 033-672-8500, 설악장 033-672-2645, 오색장 033-672-3280, 송천리에도 민박집이 있다.

원시 청정계곡 법수치와 빈지골 굴피집

다른 구경

남대천을 따라 올라가면 어성전 지나 원시 그대로의 청정계곡이 실타래처럼 흐른다. 법수치 계곡이다. 이 법수치 계곡은 오지를 여행하는 사람들에게는 가장 깨끗하고 비밀스런 골짜기로 알려져 있는데, 그만큼 가는 길도 쉽지가 않다. 법수치 마지막 마을까지는 현북면 어성전에서도 구불구불 30리가 넘는 계곡길. 그중 20여 리 정도가 비포장길이다. 남대천의 발원지이기도 한 이 물길에는 과거 연어와 은어, 황어가 넘쳐났으나, 지금은 남대천의 많은 시멘트 보와 제방들 때문에 올라오지 못하고 있다. 본래 법수치라는 땅 이름은 이곳의 물길이 불가에서 말하는 '법수'가 흘러내리는 것 같다는 데서 비롯되었는데, 계곡 중간쯤에는 용화사라는 작은 절도 있다.

산과 강이 두루 아름다운 이 법수치 계곡을 거슬러오르다 보면 크고 작은 폭포들도 여럿 만날 수 있다. 그 가운데서도 검달골과 본 마을 사이에 있는 쌍덕폭포는 그 높이가 30여 미터에 이른다. 길가에 자리한 이 폭포는 옛날 김시습이 세조의 등극을 반대하여 세상을 떠돌 때 며칠 동안 머물다 간 곳으로 알려져 있다. 사소하게 보아 넘길지 모르지만, 법수치에는 요즘 좀처

서면 내현리 빈지골에서 만날 수 있는 굴피집.

청정계곡 법수치는 봄이면 들꽃세상으로, 여름이면 피서지로, 가을이면 아름다운 단풍으로, 겨울이면 기막힌 설경을 자랑하는 원시성이 살아 있는 계곡이다.

럼 만나기 어려운 외나무다리도 만날 수 있다. 이 외나무다리는 계곡의 중간쯤에 버팀돌을 쌓아놓고 양쪽에 깎아서 만든 두 개의 통나무를 질러놓은 모양을 하고 있다. 그 통나무가 끝나는 곳에는 다시 징검다리를 몇 개 놓아 외나무다리와 연결을 해놓았다. 물론 비가 많이 올 때면 떠내려가기 십상이어서 이 다리는 해마다 서너 번씩 다리 놓는 일을 반복한다고 한다.

법수치 계곡은 물고기가 밭을 이룬다는 어성전 계곡과 내현리 계곡으로 이어져 남대천으로 흘러드는데, 예부터 이 세 계곡은 양양에서도 가장 궁벽한 곳으로 통했다. 과거 어성전은 화전민이 불밭을 일구어 살던 마을이었고, 내현리 빈지골이라는 곳도 1970년대 초 화전민정리사업이 있기 전까지는 화전민마을이었다. 그리고 아직도 빈지골에는 옛 화전민마을의 유물이나 다름없는 굴피집이 원형 그대로 남아 있다. 빈지골의 유일한 집이기도 한 이 굴피집은 1952년에 지어져 오늘에 이르고 있는데, 집안 천장에 벽지를 바르고, 나무 굴뚝이 플라스틱으로 교체되긴 했지만, 굴피를 여러 겹 얹고 그 위에 돌멩이와 나무를 눌러놓아 바람에 날려가거나 눈에 흘러내리지 않도록 한 솜씨가 한결 정겨운 '옛멋'을 풍긴다.

4백50년 맛내림 전통 한과를 만드는 곳

봉화 한과마을 | 경북 봉화군 봉화읍 유곡리 닭실마을

안동 권씨 집성촌 닭실마을의 한과 역사는 4백50년을 자랑한다. 조선시대 충재 권벌 선생의 젯상에 유과를 올리기 시작한 것이 오늘에 이르게 된 것이다.

설날이나 추석 차례상에 빠지지 않고 올라가는 과자가 있다. 유과와 약과로 불리는 이른바 '한과'가 그것이다. 한해 농사가 다 끝난 늦가을이지만 농사철보다 더 바쁜 나날을 보내는 마을이 있다. 경북 봉화에 있는 유곡리 닭실마을이 바로 그곳으로, 얼마 전부터 한과마을로 널리 알려진 곳이다. 봉화읍에서 울진 쪽으로 빠지는 36번 국도를 타고 조금만 달리다 보면 왼편으로 기와집이 여러 채 들어선 옛빛 그득한 마을을 만날 수 있는데, 이곳이 바로 닭실 한과마을이다.

땅 모양이 마치 금닭이 계란을 품고 있는 금계포란형의 마을이라고 하여 '닭실'이란 이름이 붙은 마을. 안동 권씨 집성촌이기도 한 이곳 한과의 역사는 무려 4백50년 이상을 거슬러 올라간다. 조선시대 충신이었던 충재 권벌(1478~1548) 선생이 돌아가시면서 그 젯상에 유과를 올리기 시작한 것이 오늘에 이르게 된 것이다. "충정공 선생이 중종 때 벼슬을 하다 유배당해 돌아가시고 여기

전통 한과마을인 유곡리 닭실마을 전경. 옛빛 그득한 마을이다.

에다 사당을 지어 불천위(사당에 영구히 모심을 나라에서 허락한 신위) 제사를 여태까지 지내고 있어요. 옛날에는 제사 때 종가에서만 한과를 만들었는데, 8년 전부터는 부녀회관에서 여럿이 모여 만들기 시작했어요." 손계순 씨(69)의 설명이다.

조선 중기의 실학자 이중환은 『택리지』에서 닭실마을을 일러 우리나라의 손꼽히는 명당이라 하였는데,

충재 권벌 선생이 지었다는 청암정. 마치 거북 모양처럼 생긴 바위 위에 올라앉아 있는 모습이다.

닭실 한과를 맛내림해온 충정공 충재 권벌 선생 종택은 닭실마을에서도 '닭이 품은 알'에 해당하는 자리라고 한다. 집 안은 안채와 사랑채, 사당과 넓은 정원으로 꾸며져 있다. 사당 옆에는 권벌 선생이 지었다는 청암정이 자리하고 있는데, 정자는 마치 거북 모양처럼 생긴 바위 위에 올라앉아 있는 모습이다. 정자 주위에는 둥그렇게 연못이 자리하고, 사당과 정자를 잇는 돌다리도 운치를 더해 준다. 권벌 선생은 중종 2년인 1507년 문과에 급제하였고, 1519년 예조참판이 되었으며, 이후 삼척부사 부임 시절에 일어난 기묘사화에 연루되어 파직당했다. 이때 그는 지금의 닭실마을로 내려와 15년간 은거하며 학문에 몰두하였다. 청암정은 바로 권벌 선생의 은거시절에 지은 것이다.

한과마을답게 닭실마을에 들어서면 들머리 왼편 부녀회관에 내걸린 '닭실종가 전통유과'란 간판이 가장 먼저 눈에 띈다. 이곳이 바로 닭실마을 아낙들이 단체(17명)로 모여 한과를 만드는 곳이다. 염치없이 아낙들만 모인 부녀회관의 문을 열고 들어가자

찹쌀튀밥으로 유과에 꽃을 놓고 있다.

유과를 튀겨내는 기름 냄새가 고소하게 코끝에 감겨온다. 네댓 개의 기름냄비 곁에는 방금 튀겨낸 입유과(크고 넓적한 유과)들이 납작납작 쌓여 있다. 한쪽에서 튀겨내면 한쪽에서는 그것을 받아 물엿을 바르고, 또 다른 쪽에서는 옷을 입히듯 유과에 '박산'(쌀튀밥가루)을 바른다. 이 모든 과정은 여러 명의 손발이 척척 맞지 않으면 안 되는 일이다.

손계순 씨에 따르면, 이곳에서 한과의 대명사격인 유과를 만드는 과정은 쌀을 물에 담가 불리는 것으로부터 시작된다고 한다. "쌀을 담아놓고 이틀 정도 불거내서 방앗간에다 빻아와요. 그걸 솥에 넣고 세 시간 정도 쪄서 반죽기에 넣고 친(반죽을 하기 좋게 갈아내는 과정) 다음, 손으로 한 번 더 반죽을 해서 안반(홍두깨틀처럼 생긴 나무틀)에다 놓고 눌러가꼬 썰어요. 잔유과(엄지손가락만한 유과)는 잘게, 입유과는 넓게 썰어요. 그걸 이틀 정도 온돌방에 또 말려서 쌀가루에 녹여요. 녹인다는 것은 너머 딱딱하니까 그걸 몰랑몰랑하게 만드는 거죠. 쌀가루 대신 솔잎에 녹이기도 해요. 녹인 다음 기름에다 지져내 물엿을 바르고, 박산을 묻히거나 까만깨, 흰깨를 묻히면 다 끝나는 거죠."

때로 쌀튀밥가루에다 '주치'(지치 : 뿌리를 약재로 쓰며, 해열, 해독

종택 맏며느리인 송재규 씨가 유과를
바구니에 담아 대문을 나서고 있다.

기능과 더불어 혈액순환과 간염, 변비에 쓴다고 함) 뿌리를 울궈낸 천연 색소로 붉은물을 들이기도 한다. 이 물은 진하게 할수록 빨간색에 가깝고 연하게 할수록 분홍에 가깝다고 한다. 노란물을 들일 때도 역시 천연 색소인 치자 열매를 우려낸 물을 쓴다. 인공 색소를 넣지 않기 때문에 몸에도 좋을 것은 당연한 이치. 유과를 만들 때 맨 마지막 과정은 '꽃을 놓는 과정'이다. 꽃을 놓는다는 것은 찹쌀튀밥으로 유과에 꽃 모양을 장식해 넣는 것인데, 보기에 좋으라고 하는 것이지만, 이 과정이 보통 까다로운 것이 아니다.

꽃을 놓을 때는 우선 유과를 놓고 그 위에 엿물을 살짝 묻힌 찹쌀튀밥을 꽃모양처럼 네 개를 붙인 뒤, 모양 한가운데다 까만 깨 몇 개를 얹거나 대추를 잘게 썰어 얹는다. 물론 워낙에 잔손이 많이 가는 일이라 모든 유과에 꽃을 놓지는 않는다. 유과 포장을 할 때 맨 윗줄에 놓일 유과에만 꽃을 놓는 것이다. 손씨에 따르면 꽃 놓는 과정만큼이나 어려운 과정이 '반죽 과정'이라고 한다. "물을 너무 많이 부어도 안 되고, 너무 적게 부어도 안 돼요. 적당히 부어야 되는데, 그게 경험 없이는 안 되는 거죠." 약과 또한 유과만큼이나 만드는 과정

반죽이 끝나고 썰어낸 유과는 이틀 정도 온돌방에 말린다.

이 복잡하다. 처음에 밀가루와 찹쌀가루, 튀김가루, 계피가루, 생강과 정종, 설탕, 기름 등을 넣고 적당한 물로 반죽을 하는데, 유과와 마찬가지로 반죽기에 넣고 '치는 과정'을 거쳐야 약과가 맛있어진다고 한다. 다 쳐낸 반죽은 다시 한 번 암반에 놓고 밀어서 만들고 싶은 모양을 찍어낸다. "그 다음에 젓가락으로 가운데 구멍을 뚫어서 기름에 튀겨내요. 그리고는 이제 엿물에 생강도 좀 넣고 거기에 약과를 넣어 이래 저어서 건져내면 되는 거예요." 약과의 마지막 과정도 꽃을 놓는 과정인데, 유과와는 달리 잣과 대추, 건포도 등으로 꽃 모양을 만든다고 한다.

잔유과, 입유과, 약과를 한데 모은 한과 꾸러미.

닭실마을의 한과가 다른 지역의 한과와 다른 점은 무엇보다 오랜 맛내림 전통에 있지만, 모든 과정이 수작업으로 이루어진다는 것도 빼놓을 수가 없다. 이런 까닭으로 명절이 가까워오면 여러 곳에서 주문이 들어오거나 직접 와서 사가는 통에 그야말로 닭실마을 아낙들은 눈코 뜰 새가 없어진다. 송재규 씨(73)에 따르면 특히 추석 밑이나 설밑이 되면 제대로 잠도 못 잘 정도로 바빠진다고 한다. 하지만 자신들이 만든 한과로 상을 차리고 온 가족이 둘러앉아 전통 한과의 맛을 즐기는 것을 상상하면 힘든 것보다는 보람이 더 크다고 한다.

"이게 일일이 수작업으로 하는 거니까 많이 못 빼요. 사람들 얘기로는 다른 데 맛보다 아삭아삭하고, 고소하고, 특이하대요. 그래서 많이 찾아요. 시장에서 파는 것처럼 방부제를 넣거나 기계로 돌리는 게 아니니까. 또 여기서는 유과 반죽을 할 때 참기름을 한 되에 한 숟가락 정도 넣어요. 그래야 훨씬 더 많이 일고, 고소해지거든요."

명절 때가 아니더라도 요즘에는 결혼식 때 이바지 음식으로 쓰

약과 꾸러미와 넓적하게 생긴 입유과 꾸러미. 유과와는 달리 약과는 잣가 대추, 건포도 등으로 꽃을 놓는다.

건조가 끝난 유과재료는 쌀가루에 한 번 녹인 뒤 기름에 지져낸다. 이때 기름의 온도는 은근히 뜨거워야 한다.

기 위해 닭실 한과를 많이 찾는다고 한다. 대대로 손에서 손으로 이어져온 4백50년의 맛내림 전통 한과. 혹여 그 맛이 궁금하다면 한 번쯤 닭실마을에 들러볼 일이다.

 여행수첩

　닭실마을에 가려면 영동고속도로에서 중앙고속도로로 바꿔 탄 뒤 풍기 인터체인지로 빠져나와 5번 국도를 이용해 영주까지 간 다음, 영주에서 36번 국도를 타고 봉화까지 간다. 봉화읍에서 계속 36번 국도를 타고 1킬로미터쯤 가면 왼편으로 기와집이 즐비한 닭실마을이 보인다. 먹을 데와 잘 데는 봉화읍에서 해결한다. 닭실마을에서 파는 한과는 잔유과와 입유과, 약과를 골고루 넣어 파는 '한과 세트'가 크기에 따라 7만 원(大), 5만 원(中), 3만 원(小)이고, 간편한 비닐포장으로 조금씩 담아 파는 것은 잔유과, 입유과, 약과가 각각 1만 원(大), 5천 원(小)이다. 전화주문을 하면 택배로도 보내준다. 문의 : 유곡 부녀회, 054-673-9541, 054-674-0788.

다른 구경

북지리 마애여래좌상과 설매리 까치구멍집

닭실마을에서 개울을 따라 1킬로미터 이상 올라가면 청암정보다 훨씬 규모가 큰 석천정을 만날 수 있다. 삼계리 석천계곡에 자리한 석천정은 충재 권벌 선생의 큰아들인 청암 권동보가 관직에서 물러나 향리로 돌아온 뒤 궁궐 건축에 쓰이는 춘양목을 써서 지은 것이라고 한다. 석천정이 자리한 곳은 주변이 온통 바위와 절벽이고, 건너편으로는 오래 된 노송밭이 멋드러지게 펼쳐져 있다. 이 석천정이 자리한 산을 타고 8부 능선쯤에 이르면 한과마을인 닭실마을이 한눈에 내려다보인다.

국보 201호로 지정된 북지리 마애여래좌상. 신라시대 때의 마애불로 군데군데 금이 가 있고 팔 한쪽이 떨어져 나갔다.

닭실마을에서 봉화읍 쪽으로 다시 내려가다 915번 지방도를 타고 물야면 쪽으로 올라가다 보면 북지리에서 국보 201호로 지정된 마애여래좌상을 볼 수가 있다. 신라시대(7세기 후반) 때의 마애불로 알려진 이 석불은 군데군데 금이 가 있고 팔 한쪽이 떨어져나갔지만, 전체적으로는 옛 모습이 제대로 남아 있는 편이다. 높이도 4.8미터나 되어 생각보다 웅장하다. 현재는 불상의 보호를 위해 목조 한옥에 보관하고 있어 섬세한 얼굴 표정을 읽을 수 없는 것이 약간 아쉽다.

한편 상운면 설매리에서는 요즘 보기 드문 까치구멍집을 만날 수가 있다. 까치구멍집이란 지붕 용마루 양쪽에 마치 까치둥지나 까치구멍처럼 구멍을 내어 부엌이나 방 안의 연기

상운면 설매리에 있는 까치구멍집. 까치구멍집이란 지붕 용마루 양쪽에 마치 까치구멍처럼 구멍을 내어 연기를 배출하게 한 집을 일컫는다.

를 배출하고 공기의 흐름을 자유롭게 한 집을 일컫는 말이다. 인근에는 까치구멍집이면서 겹집 형태를 띤 겹집 까치구멍집도 있다. 두 채 모두 지붕이 초가로 되어 있지만, 겹집은 현재 비가 새는 것을 막기 위함인지 천막을 씌워놓았다. 이 같은 까치구멍집은 소천면 분천리에도 남아 있다.

다른 마을

전남 순천에는 엿마을이 있다

전남 순천시 주암면 구산리. 최근 이곳은 엿마을로 알려지기 시작했는데, 1백50여 가구가 넘는 집 가운데 몇몇 집을 빼고는 모두 조금씩이나마 엿을 만드는 집이라고 한다. 물론 이 가운데 일삼아 엿을 하는 집만 해도 대략 50여 가구에 이른다. 더군다나 이곳에서는 아직까지 기계를 전혀 쓰지 않고 처음부터 마지막 과정까지 모든 과정을 수작업으로 하는 전통적인 방식을 20여 년째 이어오고 있다. 마을에 이르자 때마침 들머리쯤에 자리한 조휴한 씨(67, 061-754-1672) 집에 품앗이로 온 마을 사람들이 모여 엿을 만들고 있었다. 엿물을 고느라 방고래가 뜨거워진 방 안에서는 마을의 여러 할머니와 아주머니들이 두 명씩 짝을 이뤄 엿 늘이기 작업을 하고 있었고, 마루에서는 늘이기가 끝난 엿을 손가락 굵기로 길게 잡아당긴 뒤 문틈으로 받아내 자르는 작업이 한창이었다.

엿마을인 전남 순천시 주암면 구산리 조휴한 씨 집에서 엿 늘이기 작업을 하고 있다.

부엌에서 엿반죽을 방 안으로 들여보내면 방 안에서는 늘이기 좋은 크기로 엿반죽을 떼어내 애벌 늘이기 하는 쪽으로 보내고, 이것을 다시 마무리 늘이기 하는 쪽에서 받아 엿 늘이기를 끝낸 다음, 방문을 열고 마치 새끼줄 늘이듯 엿가락을 빼 자르기 하는 쪽으로 보낸다. 그러면 자르는 쪽에서 다시 그것을 받아 가위로 똑똑, 잘라낸다. 애당초 엿을 만드는 일은 하루 전날 쌀을 물에 불렸다가 그것을 다시 가마솥에 넣고 고슬고슬한 고두밥을 짓는 일로 시작된다. 이렇게 쪄낸 고두밥은 다시 끓인 물에 엿기름과 섞어 식혜를 만들고, 삭히고, 체로 건더기를 걸러낸 뒤, 가마솥에 넣고 조청이 될 때까지 달인다.

조청이 엿이 되기 위해서는 거품이 부글부글 끓어 넘칠 때 엿물을 떠서 함지에 퍼담아 따뜻한 방 안에 두면 이제 알맞은 엿반죽이 된다. 엿 만들기의 절정이라면 아무래도 엿 늘이기 작업이라 할 수 있다. 처음에 거무스름했던 엿반죽은 잡아당길수록 하얀 엿으로 변한다. 보통 엿반죽에서 엿이 되기 위해서는 적게는 50회, 많게는 1백 회 정도 잡아당겨야 한다. 구산리에서는 엿 늘이기 작업의 맨 마지막

방 안에서 엿 늘이기가 끝나면, 방문을 열고 마치 새끼줄 늘이듯 엿가락을 빼낸다. 그러면 밖에서 그것을 받아 가위로 똑똑, 잘라낸다.

에 늘어진 엿반죽 사이로 통참깨를 넣어 맛을 더한다. "잡아댕길 때 여기다 깨를 넣어야 꼬시고 맛나지요. 이 반죽이 약간 꼬드르르 해야 빼기가 좋아. 너머 깡깡하면 안 좋지라. 너머 물컹해도 안 좋고." 엿 늘이기 작업을 하던 문상금 씨(60)의 설명이다. 지역에 따라 엿가락을 자른 뒤 콩고물을 묻히기도 하지만, 구산리에서는 아무것도 묻히지 않은 채로 엿을 내는 편이다. 콩고물을 묻히면 잘 엉기지 않는 장점이 있고, 그냥 내는 엿은 엿 본래의 맛

을 유지하는 장점이 있다.

　보통 구산리에서는 농사철이 끝나는 시점인 10월부터 3월까지 약 6개월 정도 엿을 내며, 한 집에서 적게는 70~80킬로그램, 많게는 1백 킬로그램 이상씩 엿을 낸다고 한다. 마을 전체로 보면 2백 가마가 훨씬 넘는 쌀을 사용하는 양이란다. 오늘 찾아온 조휴한 씨네도 올해 모두 14가마의 쌀이 들어갔다고 하는데, 한 가마에 약 24킬로그램 정도의 엿을 내는 것으로 계산해보면 한 해 약 3백 킬로그램 이상의 엿을 낸다는 얘기가 된다. 이 정도면 마을에서도 무척 많이 내는 양이다. 마을에서 내는 엿값은 대체로 1킬로그램에 1만 원 수준이며, 주문이 들어오면 택배로 부쳐주고 있다. 구산리 엿의 특징은 무엇보다도 모든 과정이 수작업으로 이루어지는데다 방부제나 첨가물이 들어가지 않아 엿의 옛맛을 고스란히 느낄 수 있다는 점이다. 또 입안에 들어가서도 잘 들러붙지 않고 연해서 이가 약한 어르신들도 즐겨 먹을 수가 있다.

치렁치렁 곶감 타래 내걸린 가을 풍경

영동 손곳감마을 – 충북 영동군 상촌면 물한리

곶감마을인 영동군 상촌면 물한리 전경. 마을의 집들이 감나무숲에 파묻혀 있다.

 가을로 접어든 영동은 막 물들기 시작한 단풍으로 울긋불긋 그 고운 자태를 드러내고 있다. 영동에서도 상촌면이라 하면, 사실 군내에서는 가장 궁벽한 고을로 통한다. 그 궁벽한 고을로 접어드니 사방이 온통 주홍색 감을 주렁주렁 매단 감나무 천지다. 만산홍엽에 주홍 감이라! 눈을 뗄 수 없는 이러한 아름다운 풍경은 면 소재지를 지나 물한계곡이 있는 물한리까지 내내 이어진다. 10여 년 전까지만 해도 오지마을이나 다름없었던 물한리는 민주지산으로 오르는 나들목이라는 점과 아름다운 물한계곡 덕택에 이제는 '오지'란 말이 어울리지 않는 관광마을이 되어가고 있다.
 어찌됐든 물한계곡이 있는 물한리는 영동에서 알아주는 곶감마을로 널리 알려져 있다. 곶감마을답게 마을로 들어서는 들머리부터 길을 따라 온통 주황색으로 물든 감나무를 만날 수 있는데, 이런 광경은 물한리의 이웃마을인 대해리와 상도대리, 둔전리, 고자리 등도 다르지 않다. 마을로 들어서니 여기저기 장대를 들

고 감나무에 올라 감을 따는 모습이 흔하게 눈에 띈다. 물한리 맨 윗마을인 한천마을에서 우리는 한창 감을 따고 있는 두 노인을 만났다. 나홍석 할아버지(76)와 주병열 할아버지(75). 젊은 사람들이 장에 가는 바람에 손수 장대를 들고 나섰다고 한다.

"감이 많이 달렸네요." 무어라 인사말을 건넨다는 것이 그렇게 말하고 말았다. "에이 많기는유. 올핸 감이 흉작이 들어 이래 감이 마이 빠졌어유. 그래두 어떤 거는 나무 하나에 한 동(1백 접, 한 접에 1백 개)씩 따능 게 있어유. 보통은 나무마다 20~30접은 나와유. 이건 무동시래서 해갈이가 없어유. 다른 감나무는 보면, 나무를 뚝뚝 꺾어놓기 땜에 그 다음해에는 많이 안 열어유. 그래서 곶감 하는 감나무는 한 해 마이 열면 한 해는 안 열구 그래유." 주병열 할아버지의 말이다. 그에 따르면 한천마을 열댓 가구 가운데 곶감 깎는 집은 절반이 훨씬 넘는다고 한다. 물한리의 다른 마을인 핏들과 가리점 등도 모두 절반 이상 곶감을 내는 집이란다.

"여기서는 원래 먹감이라구, 홍시는 안 해유. 무동시 아니면 뻬조리(고동시)쥬. 뻬조리는 곶감두 깎구, 홍시두 먹구, 울커서두 먹는 거유. 다른 감보다 무동시는 좀 늦게 따유.

가을이면 단풍으로 곱게 물드는 물한계곡. 물한리는 이 계곡 아래에 자리하고 있다.

작은집에 감을 따주러 왔다는 김종오 씨가 감을 따서 아래로 내리고 있다. 이틀 동안 그는 40접의 감을 땄다.

"원래는 서리 맞구 따야 곶감 하기 좋대유. 비가 오면 곶감이 못 써유. 감 매달구 나서 볕이 나야 분이 잘 나구, 비오면 물러뻐려유. 물르니까 타래 달아놓은 것두 떨어져뻐려유. 이게 분이 잘 나면 밀가루처럼 뽀얗구유, 그러면 그게 아주 달어유."

물한리에서는 대부분의 집에서 씨 없는 곶감(무동시)을 생산해 낸다. 또 한 가지 다른 지역의 곶감마을과 달리 이곳에서는 아직도 곶감을 일일이 손으로 깎는 전통적인 방법을 지켜오고 있다. 이른바 손곶감마을인 셈이다. 물론 곶감을 내는 분들이 대부분 연세가 많은 분들이기 때문에 기계를 쓰지 않는 것이지만, 그로 인해 물한리 곶감은 영동에서도 가장 알아주는 곶감으로 통한다.

마을에 젊은이가 별로 없다는 것은 감을 따기가 쉽지 않다는 말이나 다름없는데, 그 때문인지 물한리에서는 주로 일요일이나 휴일날이 감 따는 날이다. 외지에 나갔던 젊은 사람들이 일부러 들어와 감 따는 일을 도와주기 때문이다. 가리점에서 만난 김종오 씨(54)도 일부러 마을에 들어와 작은집 감 따는 일을 이틀째 도와주고 있었다. "이틀 동안 한 나무에서 40접 정도 땄어요. 이것두 오래 따다 보면 팔이 굳어요. 장대를 이래 계속 들구서 따야 하니까, 힘들죠. 고개도 아프구요."

보통 곶감을 만들기 위한 감(둥시, 수시, 월하시, 고종시, 단성시 등이 있다)은 찬이슬이 맺힌다는 한로 때부터 서리가 내린다는 상강 사이, 즉 10월에 많이 따는데, 감이 곶감이 되기까지는 여러 과정과 정성, 시간이 필요하다. 우선 감을 따고 나면, 가장 먼저 껍질을 깎아내는 과정을 거쳐 꼬챙이나 줄에 일정량씩을 꿰어 바람이 잘 통하고 햇볕이 잘 드는 감타래(건조대)에 매달아 약 한 달 정도 건조시킨 뒤, 표면에 흰가루(포도당)가 생기면서 당도가 높아지면 완전한 곶감이 된다.

"여기 감이 딴 데 감보다 맛있어. 감 씨가 없으니까, 먹어본 사람은 이 감을 찾아. 여기 날씨가 좀 서늘하구 물이 좋아 그런지 곶감 맛이 좋아." 정연기 할머니(74)의 말이다. 결혼해서 열아홉 살 때 이 마을에 들어온 뒤로 해마다 곶감을 깎아 매달았다는 할머니는 이제는 곶감 깎고 매달기도 힘에 부친다며 아쉬움을 털어놓았다. "작년에는 감타래 꽉 차게 매달았는데, 올해는 마이 빘어. 작년에 3동은 했지. 우리 감나무가 한 30그루 되는데, 올해는 아

감 따는 날, 김호곤 씨네 집 풍경이다. 한쪽에서 감을 따면 한쪽에서는 감을 깎는다.

무케두 작년만 못해."

　본래 '곶감'이란 말은 '곶다'에서 온 것으로, '꼬챙이에 꽂아서 말린 감'을 뜻한다. 된소리로 '꽂감'이라 하는 것도 '꽂다'에서 비롯된 것이다. 이 꽂아서 말린 감은 영양도 풍부한 것으로 알려져 있는데, 『동의보감』이나 『본초강목』에는 곶감이 기침과 설사에 좋고, 각혈이나 하혈, 숙취 해소에 좋다고 했다. 특히 곶감 표면의 흰가루(시상, 시설이라 했다)는 기관지염과 폐에 도움을 준다고 한다. 또한 한방에서는 동맥경화나 고혈압에도 좋고, 이뇨작용과 피로회복, 정력강화와 정액생성에도 효과가 있다고 한다. 현대에 와서 밝혀진 바로도 감은 사과나 귤보다 훨씬 많은 비타민C를 함유한 것으로 나타났으며, 곶감으로 말리면 당분은 4배, 비타민은 2~7배까지 높아지는 것으로 나타났다.

　그러나 아무리 몸에 좋은 곶감이라도 너무 많이 먹으면 몸이 차가워져 위장에 부담을 줄 수도 있다고 한다. 좋은 곶감을 고르려면 먼저 너무 딱딱하거나 무른 것, 색이 검은 것은 피하는 것이 좋고, 곰팡이가 피지 않고 깨끗한 것이 좋다. 곶감은 말리는 방법과 지역에 따라 모양도 약간씩 다른데, 일반적으로 납작하게 눌러 말린 것은 제수용으로 쓰고, 씨가 없으면서 덜 마른 것은 곶감쌈(곶감에 호두나 잣을 박아놓은 것)에 쓰며, 곶감에 꼬

송개임 할머니가 감을 깎기 위해 감꼭지를 다듬고 있다.

챙이 괜 흔적 없이 꼭지를 달아 말린 것은 수정과에 주로 쓴다.

　최근에는 곶감조차 수입산이 많이 들어오고 있다는데, 수입 곶감은 우리 곶감에 비해 곰팡이가 많이 피어 있으며, 표면에 흰가루가 너무 많은 편이다. 또한 수입산은 우리 곶감에 비해 두께가 얇고, 꼭지 부위에 껍질이 많이 붙어 있으며, 필요 이상으로 딱딱하거나 무르다고 한다. 그러므로 시장에서 곶감을 살 때는 가격에 앞서 원산지와 품질을 확인해볼 필요가 있다.

　우리나라에서 곶감이 많이 생산되는 곳으로는 충북 영동말고도 경북 상주와 의성, 예천, 경남 산청, 함안, 의령, 전북 완주와 장성 등이 있지만, 영동 곶감만의 특성은 농약을 사용하지 않는 순수 무공해 자연산이라는 것과 처음부터 끝까지 기계를 전혀 쓰지 않는 손곶감이라는 것이다. 또한 밤낮의 기온 차가 심한 산간마을의 청정지역에서 생산되므로 깨끗하고 믿을 수 있으며, 당도와 품질이 우수해 맛깔지고, 씨가 적거나 없는 것은 물론이거니와 껍질이 얇아 전국에서도 그 맛과 품질을 으뜸으로 친다.

손으로 깎아 일일이 꼭지에 줄을 매단 곶감. 감을 내걸기 직전의 곶감이다.

표면에 흰가루(시상)가 막 생기기 시작한 반곶감. 사실 곶감은 이때가 가장 맛있다.

　그런 영동에서도 '물한리 곶감' 하면 누구나 고개를 끄덕일 정도로 알아주니, 물한리 곶감의 품질이 어느 정도인지 짐작할 것이다. 감나무에 주황색 감이 주렁주렁 매달릴 때쯤 한번 영동에 들르게 된다면, 물한리를 비롯한 여러 곶감마을도 함께 둘러보기 바란다. 치렁치렁 곶감 내걸린 풍경과 더불어 익어가는 곶감의

건조대에 줄줄이 매달린 감타래가 보기에도 좋다.

그윽한 향기에 젖어 아늑해지는 자신의 몸과 마음을 발견하게 될 터이므로. 더더욱 곶감타래를 가진 집에서는 마을을 찾는 사람들에게 시중에 내는 것보다 훨씬 저렴하게 곶감을 내고 있어 혀에 착착 감기는 영동 곶감을 현지에서 실컷 맛볼 수도 있다.

 ## 맛 좋고 몸에 좋은 곶감 요리

곶감으로는 잘 알려진 수정과를 비롯해 떡과 차, 죽, 쌈을 만들어 먹을 수도 있다. 수정과는 먼저 각각 생강을 달인 물과 계피를 달인 물을 합쳐(5 : 3 비율) 적당량의 황설탕을 넣고 끓인 후 곶감에 칼집을 내어 잣을 박은 다음 수정과에 띄우면 된다. 곶감죽은 쌀에다 잘게 썬 곶감을 넣어 끓인 것으로 설사가 잦은 사람에게 좋다고 한다. 이때 게 음식은 피해야 한다. 곶감쌈은 씨를 빼낸 곶감에 호두나 잣을 골고루 박아 먹기 좋게 잘라낸 것으로, 보기에도 좋고 맛도 좋은 쌈이 된다. 곶감은 바람이 잘 통하는 서늘한 곳에 보관하는 것이 좋고, 오랫동안 보관할 경우에는 냉장고에 넣어두어야 한다.

 여행수첩

충북 영동군 상촌면 물한리에 가려면, 경부고속도로 황간 인터체인지로 빠져나와 579번 지방도로를 따라 상촌면(임산) 소재지를 지나 물한계곡 쪽으로 가면 된다. 용화면 쪽에도 곶감마을이 많이 있다. 물한리에 민박집이 많아 잠잘 곳은 걱정하지 않아도 된다. 영동곶감에 대한 문의 : 043-740-3432, 우편판매 : 영동우체국 043-742-2342, 상촌농협 043-743-3580. 가격은 상품 2kg(50개 안팎) 기준 상품 3만 5천-4만 5천 원, 중하품 2만~3만 5천 원 정도. 연시(한 접에 5만 원 안팎)와 감식초도 영동에서 쉽게 구입할 수 있다. 마을에서 직접 구입하면 이보다 저렴하게 구입할 수도 있다.

영화 〈집으로〉의 배경이 되었던 도마령과 궁촌리

영동군 상촌면과 용화면 사이에 각호산이 있고, 이 각호산을 따리 틀 듯 산자락을 타고 넘는 길이 도마령이다. 그 옛날 칼을 든 장수가 말을 타고 넘었다고 해서 이름 붙여진 도마령. 현재 이 아름다운 도마령에는 포장공사가 한창이다. 비포장으로 남은 가장 아름다운 길 중에 하나였던 도마령이 아쉽게도 포장될 날을 기다리고 있는 것이다. 혹시 〈집으로〉4)라는 영화를 본 사람은 기억할 것이지만, 영화의 첫 장면이 이 도마령에서 시작된다. '상우'를 태운 시골버스가 구불구불 도마령을 올라오는 것으로 영화가 시작되는 것이다. 도마령을 친친 감고 있는 각호산은 오랜 옛날 뿔 달린 호랑이가 살았다는 전설에서 비롯된 이름으로, '쌀기봉' 또는 '배거리산'이라 부르기도 한다. 멀리서 보면 두 개의 커다란 봉우리가 마치 낙타 등처럼 생겼다. 각호산을 휘감은 도마령을 넘어서면 용화면 조동리(새골) 불당골에 다다른다. 불당골 역시 곶감마을이다.

〈집으로〉의 본무대가 되었던 궁촌2리 지통마도 물한리에서 그리 멀지 않다. 호두나무가 많아 호두마을로도 불리는 지통마는 흙집이 아름다운 마을이기도 하다. 지통마에 들어선 흙집들은 마치 계단식논처럼 비탈을 깎아 자리해 있어 전형적인 산간마을의 모습을 하고 있

비포장으로 남은 가장 아름다운 길 중에 하나였던 도마령. 〈집으로〉라는 영화의 첫 장면이 이 도마령에서 시작된다.

〈집으로〉의 본무대가 되었던 궁촌2리 지통마는 흙집마을이라 할 수 있다.

4) 사실 나는 영화 〈집으로〉의 헌팅 디렉터를 맡아 이 운치 있는 도마령과 궁촌리 지통마마을과 상촌장터를 소개하고, 점마에서 만난 김을분 할머니를 감독에게 소개해주었다. 영화가 흥행하면서 공연히 마을과 할머니께 이런저런 누를 끼친 것도 사실이지만, 〈집으로〉의 성공은 지통마마을과 할머니가 없었다면 불가능한 것이었는지도 모른다.

다. 흙집 중에서도 지통마에 남아 있는 집들은 거개가 흙벽돌을 찍어 쌓아올린 흙벽돌집이다. 마을에는 한쪽 벽이 무너져내린 디딜방앗간도 마치 쓰러져가는 농촌의 현실처럼 남아 있다. 지통마를 품은 궁촌2리에는 점마와 새막골도 옛 마을 모습을 유지하며 남아 있다. 특히 새막골은 집이 띄엄띄엄 떨어진 산촌(散村) 형태를 띠고 있다.

전통 방법으로 옛 한지의 아름다움을 재현한다

괴산 전통 한지마을 | 충북 괴산군 연풍면 원풍리 신풍마을

신풍 한지마을에서는 아버지의 가업을 이어
안치용 씨가 2대째 전통 한지의 명맥을 이어오고 있다.

충주에서 수안보 지나 문경새재로 가는 길목인 작은새재를 넘는다. 고개가 험해서 새들조차 넘기 어려워 새재라 했던가. 그 새재를 목전에 두고 작은새재 넘어 괴산군 연풍으로 내려선다. 굽이굽이 사연도 많은 고개. 옛날 청운의 꿈을 안고 집 떠난 나그네도 이 새재를 넘었을 것이고, 처자식 먹여살리려는 장사치들도 보따리 이고 지고 이 새재를 넘었을 것이다. 시인 김하돈은 그런 새재를 가리켜 '조선 팔도 고갯길의 대명사'[5] 라 하였다. 신경림 시인도 일찍이 새재를 1970년대의 암울함을 넘어 새 세상으로 가는 길목으로 노래한 바 있다.

바래기 작업. 과거에는 잿물에 삭인 닥 원료를 볕이 잘 드는 냇물에 담가 바래기를 했지만, 지금은 표백실에서 이를 대신한다.

> 문경새재 넘어가면
> 새 세상이 있다는데,
> 가난하고 억울한 사람 모여 사는
> 새 세상이 있다는데.[6]

그러나 길이란 것, 고개란 것도 수명이 있는 것일까. 고려 때까지 주요 교통로 노릇을 하던 하늘재가 새재에 그 임무를 넘겨준 것처럼 조선시대 고갯길의 대명사 새재 또한 연풍 땅을 넘어가는 이화령에 그 임무를 넘겨주고 만 것이다. 어찌 됐든 작은새재 넘어가는 고개마을은 가을이 한창이어서 주렁주렁 주홍 감을 매단 감나무 천지다. 아무래도 새 세상만큼이나 아름다운 감나무 세상이 고개마을에는 존재하는 듯하다. 그리고 고개를 넘어가면 이제 연풍면 원풍리, 우리가 찾는 한지마을이 나온다.

마을 한가운데 자리한 한지공장으로 들어서자 철썩철썩 대발로 물질하는 소리가 밖에까지 새어나왔다. 안으로 들어가 보니 두 명의 인부가 바쁘게 종이뜨기를 하고 있었다. 그리고 또 공장 한켠에 자리한 표백(바래기)실에서는 한 인부가 고무래로 닥 원료를 젓고 있었는데, 시큼하게 닥 삭는 냄새가 진동했다. 한지 하면 다들 전주나 안동을 떠올릴 것이지만, 이 문경새재 아래께에 자리한 신풍마을 한지도 그에 못지 않다. 신풍 한지마을에서는 아버지의 가업을 이어 안치용 씨가 2대째 전통 한지의 명맥을 이어가고 있다.

사실 요즘에 이르러 한지는 기계화를 갖춘 현대적인 공장에서 생산하는 체제로 옮겨가고 있는데, 이곳에서는 아직도 많은 과정을 전통적인 방법으로 옛 한지의 아름다움을 재현해내고 있다.

닥나무 잎. 한지의 원료는 닥나무 껍질이며, 그것을 삶아 얻어낸 속껍질로 닥종이, 즉 한지를 만든다.

5) "백두대간을 넘어가고 넘어오던 숱한 민중들의 발품의 역사 또한 그 길섶에 고스란히 묻혀 있다. 조선왕조 5백 년이 흐르는 동안 새재는 그렇게 나라 산천에 걸린 수많은 고개 중의 고개, 무릇 조선 팔도 고갯길의 대명사가 되었다." 김하돈의 『마음도 쉬어가는 고개를 찾아서』(실천문학사, 1999), 165쪽.
6) 신경림, 「새재」, 『새재』(창작과비평사, 1979).

지통에 닥죽과 닥풀을 풀어넣고 물질(대발에 닥죽을 얇게 담아내는 일)을 하고 있다.

또한 마을에 옛날부터 차고 맑은 용천수가 솟아나고 있어 예부터 신풍마을에서는 이 용천수를 이용해 한지 제조에 사용해왔고, 지금도 한지 생산에 이 용천수를 이용하고 있다. 뿐만 아니라 안씨는 마을 주변에 닥나무를 심어 품질 좋은 한지의 원료를 직접 해결하고 있다. 선대로부터 이어져온 종이 뜨는 솜씨와 용천수가 솟아나는 천혜의 자연환경, 품질 좋은 닥나무 원료가 조화를 이루는 '좋은 한지 생산 조건'을 두루 갖추고 있는 셈이다.

예부터 면지, 마지, 피지와 같은 여러 종이가 있어 왔지만, 우리네 전통 종이라고 하면 단연 닥껍질을 원료로 한 닥종이였다. 하여 보통 '한지'라고 하면 이 닥종이를 가리킨다. 한지를 만드는 과정은 바로 원료가 되는 닥의 채취로부터 시작된다. 닥나무는 늦가을 추수를 끝내고 나서 1년생 가지를 베어와 삶게 되는데, 과거에는 마치 삼베의 재료인 삼대를 찌듯 땅에 두 개의 구덩이를 파서 쪄내는 방법을 썼다. 즉 작은 구덩이에 나무와 장작을 태워 뜨거운 돌멩이를 달군 뒤 물을 부어 거기서 나오는 뜨거운 수증기로 큰구덩이의 닥나무를 쪄내는 것이다.

이렇게 쪄낸 닥나무는 껍질이 흐물흐물해져서 벗기기 쉬워진다. 처음 벗겨낸 껍질은 겉껍질이 붙어 있어 '피닥'이라 하는데, 이것을 냇물에 10시간 정도 담가 부풀린 다음 우러난 겉껍질까지 벗겨내면 한지의 재료인 '백피'가 된다. 이제 백피는 볕이 좋은 곳에 널어 말리고, 다시 냇물에 담가 부드럽게 만드는 과정을 거쳐 '피삶기'에 들어간다. 피삶기란 백피를 잘라 솥에 넣고 잿물(과거에는 짚이나 콩대를 태운 재를 사용했다)과 함께 끓이는 작업으로, 백피가 흐물흐물해지도록 삶아낸다. 피삶기가 끝나면 '바래기'에 들어간다. 삶아낸 원료는 솥에 두고 하룻밤 삭인 뒤 또다시 냇물에 담가 볕을 쪼여주며 바래기를 한다. 그런데 지금은 이런 과정들이 어느 정도 현대화가 되어 옛 방식을 고집하지는 않는다.

바래기 다음은 티를 골라내는 과정이다. 아무리 삶고 냇물에 담고 했다손 치더라도 원료에는 조금씩 잡티가 남아 있게 마련인데, 이것을 일일이 손으로 골라내는 작업이 티 고르기다. 이렇게 티를 골라낸 닥 원료는 닥돌이라 불리는 돌 위에 올려놓고 방망이로 '곤죽'이 될 때까지 사정없이 두들겨 '닥죽'을 만든다. 이 닥죽을 지통에 집어넣고 대막대로 한참 저어준 뒤 닥풀을 섞어 네모나게 생긴 대발로 '물질'(지통에서 대발로 닥죽을 담아내는 일)을

피삶기와 바래기 과정을 거치면 닥 원료는 하얗게 변하게 된다. 이것을 가져다 티를 고르고 닥죽을 만들어 한지를 뜬다.

종이뜨기. 물질을 끝나면 대발에 얇게 닥죽이 달라붙는데, 이것을 떼어내면 한지가 된다.

하면 대발에 얇게 닥죽이 달라붙고, 이것을 떼어내 나온 습지를 말리면 한지가 되는 것이다.[7] 과거에는 습지를 말릴 때 흙벽 같은 곳에 붙여서 말렸다고 하는데, 지금은 이곳에서도 쇠로 만든 건조대를 사용하고 있다.

이곳의 한지공장에서는 종이 건조실을 따로 두고 있는데, 여기에는 외국인 노동자 두 명이 우리 전통의 종이인 한지 건조일을 하고 있다. 여기서 일하는 두 명의 노동자는 부부지간이라고 한다. 공장에서 1백여 미터 이상 떨어진 종이 건조실에 이르자 때마침 종이 건조가 한창이었다. 건조대에 습지를 붙이고 나면 김이 오르면서 금세 종이가 마르고, 이것을 떼어내면 한지가 되는 것이었다. 이곳에서 생산하는 한지는 창호지와 같은 흰색만 있는 것이 아니고, 노란색, 보라색, 갈색 등 온갖 색상의 색지와 무늬를 곁들인 한지까지 다양하다. 또한 여러 가지 한지 공예품도 전시관에서 만날 수 있다.

한지는 우리의 종이다. 그래서 한지는 우리 민족을 닮아 있다. 질기면서도 부드럽고, 투박하면서도 우아하다. 그 한지를 햇볕에 비춰보면 닥껍질의 질감이 고스란히 살아 있다. 서양의 종이에서 볼 수 없는 자연의 무늬와 빛깔이 그 안에 담겨 있는 것이다. 사실 우리는 종이라는 것이 너무 흔해서 종이의 고마움을 모르고

7) 한지 제작 과정 및 일부 내용은 신풍 한지마을 홈페이지에 실린 내용을 참조하였음.(www.sphanji.com)

살아가고 있다. 기원전 중국에서 종이가 발명된 이래 종이는 인류의 문명과 학문을 획기적으로 바꾸어놓았다. 생각했던 것을 편하게 글로 적어놓을 수 있다는 것만으로 종이는 철학과 예술, 과학을 비롯한 다양한 학문 발달의 기폭제가 되었다. 인류문명의 모든 것을 책으로 남길 수 있었던 것도 종이가 가져온 행운이었다.

우리나라에 언제쯤 종이가 전해졌는지는 확실치 않지만, 대체로 고구려 때 불교가 들어오면서 불경을 담은 종이가 함께 들어왔을 것으로 추측된다. 그 이전 시대의 역사적인 기록을 담은 종이가 고분에서 발견된 점으로 보아 그 전부터 이미 닥종이를 사용했음을 알 수 있다. 그러나 종이의 품질은 중국의 것보다 뛰어났으며, 종이를 다루어 글을 찍어내는 인쇄술 또한 역사적인 기록을 볼 때 우리나라가 중국보다 한발 앞섰던 게 사실이다. 우리의 한지는 원료에 따라 순수 닥종이로 대표되는 저지(저피, 창호지)와 미농지(얇게 뜬 종이, 포장지), 저피에 이끼를 섞어 만든 태지(표구 및 편지지), 목화섬유를 섞어 만든 백면지(고급 백지), 대마섬유를 섞은 마포지(장판속지), 저피에 짚이나 모조지를 첨가한 화선지(서예지 및 화지)를 비롯해 10여 종이 넘었다.

또 제작 과정에서 비단을 씌운 사록지, 포를 씌운 포목지, 쌀가루를 뿌려 두루마리로 만든 분주지도 있었으며, 과거에는 지역에 따라 경주에서 내던 종이를 경지, 완주에서 나는 것은 완지, 서울에서 생산하던 것을 경장지 등으

종이뜨기를 해놓은 습지들. 이것을 가져다 건조작업을 해야 한지 완성품이 된다.

로 불렀다. 원료에 따라 용도에 따라 지역에 따라 한지는 다양한 이름으로 불렸고, 다양한 쓰임이 있었던 것이다. 흔히 고급 옷감인 비단보다 수명이 훨씬 길어 1천 년을 간다는 한지. 서양 펄프가 들어오면서 한지는 우리 주변에서 점차 사라지고 있지만, 안동과 원주, 전주와 임실을 비롯해 괴산 등지에서는 여전히 전통 한지의 명맥을 유지해오고 있다. 남이 알아주지 않아도 묵묵히 한지의 명맥을 이어가는 곳, 작은새재를 넘어가 만나는 신풍마을에서 한지의 질긴 역사와 소박한 아름다움을 다시 생각한다.

 ## 전통의 질감과 무늬가 살아 있는 한지공예

한지는 문종이를 붙이고 글씨를 쓰고, 그림을 그리며 포장지로 사용하는 데 그치는 것이 아니다. 예부터 우리 민족은 한지를 이용해 다양한 공예품을 만들어왔다. 한지공예는 크게 노끈을 꼬듯 종이를 꼬고 엮어 만든 지승공예, 잘게 찢은 한지를 물에 불려 찹쌀풀과 함께 반죽해 만드는 지호공예, 여러 겹으로 한지를 덧바른 틀에 갖가지 색지를 덧붙여 만든 색지공예로 나뉜다. 지승공예로는 옷이나 바구니를 만들 수 있고, 지호공예로는 그릇이나 함지박, 인형 등을 만들 수 있으며, 색지공예로도 다양한 그릇과 상자, 반짇고리, 함 등을 만들 수 있다.

한지공예 가운데 가장 화려한 공예로 꼽히는 색지공예는 본래 음향오행설에 따른 오방색, 즉 적(불, 여름, 남쪽), 청(나무, 봄, 동쪽), 황(흙, 중앙), 흑(물, 겨울, 북쪽), 백색(쇠, 가을, 서쪽)을 기본색으로 한 천연 염색지를 쓰며, 보존성과 방습을 위해 공예품에 옻칠을 하거나 들기름 등을 바르기도 한다. 한지공예로 만든 제품은 생각보다 질기고 튼튼하며, 한지의 질감이 고스란히 살아 있어 은은한 아름다움을 풍긴다. 또한 한지공예품 중에는 전통무늬를 장식한 제품도 많은데, 주로 많이 사용하는 무늬로는 태극, 모란, 연꽃, 봉황, 학, 십장생 무늬다.

여행수첩

　괴산군 연풍면 원풍리에 가려면 중부고속도로 음성 인터체인지로 빠져나와 518번 지방도를 타고 금왕까지 간 다음, 금왕에서 37번 국도를 타고 음성과 괴산을 지나 속리산국립공원 북쪽 자락을 넘어가면 연풍면이다. 연풍에서 길은 이화령과 조령길로 갈라지는데, 원풍리는 조령길(3번 국도)로 들어서면 금방이다. 충주에서 3번 국도를 타고 수안보를 거쳐 작은새재를 넘어가는 방법도 있다. 동서울에서 문경까지 30분 간격으로 운행(3시간)하는 버스를 이용할 수 있다. 신풍 한지마을(www.sphanji.com) 043-833-5677, 문경새재 입장료 : 어른 1천9백 원, 청소년 1천1백 원, 주차 중형 2천 원. 문경새재 관리사무소 054-571-0709, 054-550-6421, 새재박물관 054-572-4000, 조령산 휴양림 054-833-7994, 새재 모텔 054-571-1818, 소문난식당(묵조밥, 도토리묵) 054-572-2255, 목련가든 054-572-1940.

옛 영남대로의 으뜸 고갯길, 문경새재

다른 구경

조령산과 주흘산에 두루 걸쳐 있는 문경새재(鳥嶺)는 조선시대 부산의 동래에서 한양까지 이어진 영남대로의 으뜸 고갯길이자 문경에서 충주로 넘어가는 교통의 요지였다. 또한 새재는 군사 요충지이기도 했는데, 새재에 남아 있는 주흘관, 조곡관, 조령관 등 3개의 관문은 임진란 이후 설치되어 일종의 방어지와 검문소 노릇을 했다. 제1관문인 주흘관은 조선 숙종(1708) 때 쌓은 것으로, 옛날 나그네가 쉬어 갔다는 조령원터가 남아 있다. 여기서 제2관문인 조곡관까지는 3킬로미터. 가는 길은 침엽수가 우거져 옛길의 운치를 고스란히 느낄 수 있다.

제2관문인 조곡관은, 선조 때인 1594년 새재에서 가장 먼저 쌓인 관문이다. 1592년 임진왜란 당시 신립 장군이 새재를 넘어 쳐들어온 왜적을 맞아 충주 탄금대에서 맞서 싸웠으나 중과부적으로 패퇴하였다. 조곡관은 바로 이런 가슴 아픈 실수를 되풀이하지 않기 위해 쌓은 군사요새였던 셈이다. 여기에서는 옛 '산불됴심비'를 만날 수 있고, 옛날 나그네가 목을 축였던 주막도 옛 모습을 선보이고 있다. 제3관문인 조령관은 조곡관에서 3.5킬로미터 떨어진 곳에 위치해 있다. 본래 조령관은 제1관문인 주흘관과 같은 시기에 세워졌으나 이후 소실되어 1976

조령산과 주흘산에 두루 걸쳐 있는 문경새재는 과거 교통의 요지이자 군사 요충지였다.

년 다시 복원한 것이다. 여기서부터 길은 좀더 험해지고 '새재 아리랑'에 나오는 '물박달나무'도 흔하게 만나게 된다.

    길에도 등급이 있는 것일까. 조선시대까지만 해도 길은 대로와 중로, 소로로 구분하였는데, 새재는 바로 대로에 드는 양반 길이었다. 당시 '대로'에는 나그네가 묵었다 갈 수 있는 역과 원을 두었으며 새재에는 조령원과 유곡역이 자리하고 있었다. 현재 새재에 대한 여러 기록과 유물은 문경새재 박물관에 보관되어 있으며, 제1관문 근처에는 얼마 전 KBS 태조 왕건 촬영 세트장이 들어서 새로운 관광명소로 사람들을 불러모으고 있다. 이 모든 것을 만날 수 있는 문경새재 일대는 1981년 도립공원으로 지정되어 오늘에 이르고 있다.

송이로 유명한 양양의 으뜸 송이마을

양양 송이마을 | 강원 양양군 현북면 명지리

양양군 현북면 명지리 전경. 양양에서도 가장 알아주는 송이마을이다.

　7번 국도를 거슬러 양양으로 간다. 가을이 되면 양양은 거대한 송이고을이 되는데, 이때(10월 초순)에 맞춰 양양에서는 송이축제를 연다. 축제의 역사가 그리 오래 되지는 않았지만, 양양의 송이축제는 일본 관광객들까지 찾아올 정도로 인기가 높다. 그 인기의 비결은 송이밭이 널려 있는 산에 올라 직접 송이 채취를 하고, 송이의 생태를 견학하며, 다양한 송이 요리까지 맛보는 등 흔하지 않은 체험을 할 수 있기 때문이다. 뿐만 아니라 축제에는 인근의 읍면에서 전해오는 민속놀이 시연과 패다리 놓기, 송이 요리 경연대회를 비롯해 염소싸움대회, 양양송이 맞추기와 같은 다양한 행사가 펼쳐진다.

　송이는 이미 통일신라 때 선덕여왕에게 진상품으로 올렸다는 기록이 있는 것으로 보아 그 전부터 식용해왔음을 알 수 있다. 또한 동의보감에는 송이를 약용으로 썼다는 기록도 전해온다. 사실 송이는 우리나라 전역에서 난다. 그 중에서도 송이가 많이 나는 땅은 백두대간을 중심으로 폭넓게 퍼져 있으며, 지역별로는 강원도 양양과 인제, 삼척과 강릉, 경북 울진과 봉화 등 높은 산을 끼고 있는 곳들이다. 그러나 역시 '송이' 하면 전국 생산량의 80퍼센트 정도가 나는 양양을 꼽는다. 그런 양양에서도 송이를 제일 많이 내는 마을은 현북면에 자리한 명지리가 아닐까 싶다. 이 마을에는 50년 넘게 송이꾼으로 살아온 방경원 노인(72)이 살고 있다. 그를 가리켜 마을 사람들은 '송이귀신'이라 부른다. 열일곱 살 때부터 송이를 따러 다녔다고 하니 그럴 만도 하다.

연보랏빛 송이풀꽃. 이 송이풀꽃이 흐드러질수록 송이도 사태가 난다.

"나는 산에서 덕을 많이 봤수. 송이루다 다 키웠으니까. 해방 전후만 해두 쌀이 읎어가지구 칡뿌리 캐먹구 송구 캐먹구 그랬쥬 뭐. 옛날에는 송이 팔 때가 없으니까 집에서 반찬 다 해먹구 팔아봐야 품값 정도였는데, 얼마 전부터 일본 사람들이 사가기 시작하면서 송이값이 좋아졌어요."

실제로 송이값이 금값으로 변한 것은 1970년대이다. 유난히 송이를 좋아하는 일본인들이 본격적으로 수입에 열을 올리면서부터 송이값이 올라갔다. 흔히 옛 사람들은 "일 능이, 이 송이, 삼 표고"라 하여 버섯의 순위를 매겨왔다. 그러나 오늘날은 당연히 '일 송이'로 꼽을 만큼 송이가 버섯의 최고로 자리잡았다.

아침 일찍 방경원 노인과 마을에서 1킬로미터쯤 떨어진 산을 오르자 사방 노송밭이 펼쳐진 가운데 꽃밭에라도 온 듯 연보

산에서 만난 한 송이꾼이 마대로 풀숲을 이리저리 들추며 송이를 찾고 있다.

송이를 캘 때는 먼저 마대로 땅 밑을 깊이 파고 손으로 살짝 들어올려 상처가 나지 않도록 한다.

랏빛 송이풀꽃이 가득했다. 흔히 송이풀꽃은 송이가 날 때 꽃이 피어 송이맞이풀꽃이라 불리기도 한다. 이 송이풀꽃이 흐드러질수록 송이도 사태가 난단다. 이 말이 사실이라면 송이풀꽃이 있는 곳은 십중팔구 송이밭일 것이었다. 예상은 맞아떨어졌다. 앞서 나가던 방경원 노인이 지팡이(마대)로 송이를 가리켰다. 거기에는 대여섯 개의 송이가 고개를 빼죽 내밀고 있었다. 그리고 그 위에도 아래에도 두텁게 쌓인 솔잎과 가랑잎을 비집고 송이가 솟아 있었다.

대체로 송이가 자라는 양양의 소나무숲은 토양이 두터워 송이가 퍼져 자라는 층 또한 폭넓으며, 송이의 크기도 다른 지역보다 큰 것으로 알려져 있다. 또한 버섯 속에 들어 있는 수분도 다른 지역보다 적어 몸체가 단단하고, 깊은 향을 품고 있어 향기가 오래 가며, 저장 능력도 뛰어나다고 한다. 그러나 땅이 깊다고 해서 무조건 송이가 나는 것은 아니다. 마을에서 만난 사람들에 따르면 송이밭은 보통 소나무가 많은 곳, 잡목이 없는 곳, 반 응달 반양지인 곳, 6~7부 능선, 경사가 지고 물빠짐이 좋은 곳으로 요약된다. 또한 송이가 나는 시기도 9월 중순에서 하순쯤에 가장 많이 난다고 한다. 물론 유월송이라 하여 여름에 나는 송이도 있지만 양이 많지 않다. 여름 끝물에 온도가 내려가면서 비가 몇 차례 오고, 아침 저녁으로 18~20도 정도의 온도를 유지하며, 낮 온도가

25도 밑으로 내려가야 송이가 나는 법이란다. 그러니 송이가 나고 안 나고는 사람의 힘이 아닌, 순전히 하늘에 달린 셈이다.

소나무 뿌리에 송진이 내리고 그것이 뽀얗게 떠서 몇 차례 비를 맞으면, 뿌리가 뻗은 결을 따라 빙 둘러 송이버섯이 오른다. 버섯을 만드는 송이균은 소나무 뿌리의 맨 끝 가는 뿌리에 붙어 소나무가 만드는 탄수화물을 얻어먹고, 흙에서는 무기질을 흡수하여 버섯으로 성장한다. 특히 송이는 온도와 습도에 민감한 버섯인데, 송이가 땅 밖으로 고개를 내밀기까지 약 2주 동안 온도가 15~19도를 유지해야 한다. 하지만 최근 이상기온으로 송이 나는 시기가 점점 늦어지고 있다고 한다. 지구 온난화 현상이 송이의 생육환경에도 민감한 영향을 미치고 있는 것이다.

보통 명지리의 송이꾼들은 송이가 나는 철이면 새벽 5시쯤 산에 올라 송이 채취를 하고, 오후에 한 번 더 올라 하루 두 번 정도 송이를 채취한다. 이때는 송이가 보물인지라 아예 산막에서 잠을 자며 송이밭을 지키기도 한다. 더러 외지 사람이 몰래 송이밭에 들어와 채 자라지도 않은 송이를 남획하는 일이 있기 때문이다. 실제로 마을에서도 송이도둑 한두 번쯤 겪어보지 않은 사람이 없을 정도라고 하니, 송이꾼은 송이를 채취하는 것과 더불어 송이를 지키는 일까지 두 몫을 해내야 하는 셈이다. 한 달 정도 송이로 거둬들이는 수익이 1년 농사의 2~3배 정도이므로 송이꾼으로서는 당연히 해야 할 일이다.

명지리에서 알아주는 송이꾼 방경원 할아버지가 방금 캐낸 송이의 냄새를 맡고 있다.

방경원 할아버지가 송이를 캐고 내려와 잠시 산막에 앉아 쉬고 있다.

　따라서 명지리 사람들의 대부분은 한창 송이가 쏟아져나올 때면 한 달 정도 오로지 송이만을 따러 다닌다. 보통 다른 지역에서는 송이밭이 있는 산을 두고 주변의 마을 사람들이 공동작업으로 송이를 채취하고 함께 나누는 것이 일반적인데, 명지리에서는 독송이밭을 가진 사람들이 상대적으로 많다. 독송이밭의 주인은 눈을 감아도 어디쯤에 송이가 많이 나는지 세밀한 송이밭 지도가 머릿속에 다 들어 있다고 한다. 특히 작년에 송이가 났던 자리에서는 십중팔구 이듬해에도 송이가 올라오기 때문에 한 번 송이가 난 자리를 잘 기억하는 것도 송이꾼의 채취 비결이며, 이런 송이밭은 부자지간이나 부부지간에도 가르쳐주지 않는 법이다. 그러나 송이라는 것이 워낙에 성장이 빨라서 조금만 채취 시기가 늦어져도 갓이 퍼드러지므로 시기에 맞춰 송이를 채취하는 것도 중요하다.

　"송이 날 때 보면 죽 허옇게 올라오구, 볼 만하죠, 같은 송이밭이라두 요짝 모리, 저짝 모리가 다 달라. 송이는 이래 딴딴허구 대가리가 너무 크지 않구, 졑에만 가두 송이 냄새가 많이 나는 게 좋은 거요." 방경원 노인이 밝힌 좋은 송이의 조건이다. 일반적으로 송이는 갓이 피지 않고 전체적으로 은백색을 띠며, 몸통이 길고 굵으며 탄탄하면서도 향이 진한 것이 좋다고 한다. 양양에서 나는 송이를 으뜸으로 치는 까닭은, 워낙에 많이 나기도 하거니와 맛과 향이 좋고, 무엇보다 속이 옹골차기 때문이다. 송이는 갓이 피면 질겨지고 맛이 덜해지는데, 갓이 피지 않은 동송이를 최상등급으로 치는 까닭도 그 때문이다.

대체로 송이의 등급 기준은 이렇다. 1등품은 길이가 8센티미터 이상이며 갓이 전혀 피지 않은 것, 2등품은 길이 6~8센티미터이며 갓이 3분의 1 이내로 퍼진 것, 3등 생장정지품은 길이 6센티미터 미만으로 말 그대로 생장이 정지된 송이, 3등 개산품은 갓이 3분의 1 이상 퍼진 것, 기형이거나 파손, 벌레먹은 것, 물에 젖은 것은 등외품으로 친다. 송이에는 무기질과 비타민이 풍부하게 들어 있을 뿐만 아니라 종양억제물질이 표고보다 10퍼센트 이상 많다고 한다. 또 지방이 많지 않아 콜레스테롤 감소와 고혈압, 암세포 억제 등 성인병 예방에 효과가 있다는 것이 의학적으로 입증된 바 있다.

그러나 송이는 발육조건이나 생장환경이 까다로워 인공재배가 불가능하고, 최상품 등급일 경우 값이 1킬로그램당 20만 원을 훨씬 넘는 까닭에 일반인이 쉽게 먹을 수 있는 버섯은 아니다. 그러나 인공재배가 불가능하고 맛과 향이 좋으며, 하늘이 내리고 그

산에서 채취한 송이 가운데 일등품으로 분류해놓은 것들이다.

양양 읍내에 있는 임업협동조합 송이 수집소에서 송이를 분류하며 등급 판정을 하고 있다.

것을 받아내는 송이꾼의 노력을 생각하면, 송이의 가치는 단지 가격으로 따질 수가 없는 것이다. 올해도 양양에 있는 송이마을에서는 그 소중한 송이를 찾아가는 송이꾼의 발길이 분주하게 산에서 산으로 옮겨지고 있다.

 ## 송이의 보관과 조리

송이를 오래 보관하려면 송이에 함유된 수분을 유지해주어야 하는데, 송이를 물에 씻지 말고 흙이 묻어 있는 그대로 하나씩 신문지 등에 포장하여 보관하는 것이 좋다. 또한 송이를 비닐랩으로 씌운 뒤 냉동실에 넣어두었다가 요리할 때 랩을 씌운 상태로 물에 녹여도 맛과 향이 어느 정도 유지된다. 그러나 역시 자연스런 송이의 맛과 향을 느끼려면 캐낸 뒤 곧바로 먹는 것이 가장 좋다. 송이는 날로 먹거나 구워서 먹기도 하며 밥 위에 얹어 먹기도 하는데, 최근 그 요리법이 점점 다양해지고 있다.

가장 보편적인 요리는 송이덮밥이다. 송이덮밥은 말 그대로 밥을 할 때 송이를 위에 얹어 송이의 향이 밥에 골고루 퍼지게 하는 것으로, 송이 본래의 향을 살리는 요리법이다. 또 다른 송이덮밥은 참기름에 쇠고기를 넣어 볶다가 송이와 양파, 대파, 마늘과 각종 양념을 넣고 육수를 넣어 끓인 물에 갠 옥수수 전분을 넣어 또 한 번 끓여낸 것을 밥 위에 얹어 내오는 방법이다. 송이죽도 많이 해먹는 요리다. 송이죽은 송이를 잘게 썰어 양파와 당근, 참기름과 쌀을 넣고 볶다가 물을 부어 끓인 뒤, 소금간을 하면 된다. 이 밖에도 송이탕은 송이와 양파, 팽이버섯을 넣고 볶다가 육수를 붓고 마늘과 대파를 넣어 끓이면 된다.

이와 비슷한 송이전골은 송이와 쇠고기, 조개, 두부, 당면, 대파, 마늘, 양파 등의 갖은 재료를 전골냄비에 넣고 해물육수나 사골육수를 부어 끓여내면 된다. 최근에는 송이국수도 양양에서 종종 맛볼 수 있다. 송이국수는 우선 팬에 기름을 둘러 당근과 양파 등을 볶아놓은 뒤, 다시마나 멸치를 우려 국간장을 넣고 국물을 만든다. 송이는 따로 뜨거운 물에 데친 후 소금과 마늘, 참깨 등을 넣어 무치고, 계란 지단도 부쳐놓는다. 그런 다음 국수를 삶아 찬물에 헹궈낸 뒤 만들어두었던 국물을 붓고, 데친 송이와 볶은 야채, 계란 지단 등의 고명을 얹어 먹으면 된다.

 여행수첩

　송이마을 명지리로 가려면 영동고속도로를 타고 가다가 양양 인터체인지로 빠져나와 7번 국도로 바꿔 탄 뒤, 하조대쯤에서 어성전 방면으로 들어가는 포장길로 좌회전한다. 갈림길에서 조금만 가면 명지리다. 문의 : 양양군청 관광문화과 033-670-2251, 송이축제 문의 : 033-670-2239, 033-670-2418. 송이요리전문 송이골 033-672-8040, 낙산도립공원 033-670-2519(낙산사 입장료 어른 2천 2백 원, 어린이 1천 원). 프레야낙산리조텔 033-672-5000, 낙산유스호스텔 033-672-3416, 굿모닝하조대 033-672-0089, 미천골자연휴양림 033-673-1800. 명지리를 비롯한 현북면에도 송이요리를 선보이는 식당이 여럿 있다. 명지리 인근에 자리한 어성전과 대치리, 원일전도 양양에서 손에 꼽는 송이마을이다.

해 오르는 절 낙산사와 동해 미항 남애항

다른 구경

낙산에 있는 낙산사는 오랜 옛날부터 관동팔경의 하나로 꼽을 만큼 해오름이 아름다운 곳으로 통했다. 낙산사는 신라 문무왕 때(671) 의상대사가 창건한 가람으로, 여러 번 무너지고 불타는 수난을 겪고 또다시 한국전쟁 때 무너진 것을 1953년에 재건해 오늘에 이르고 있다. 낙산사에서도 우리에게 가장 많이 알려진 곳은 역시 해돋이로 유명한 의상대. 본래 의상대는 낙산사를 창건한 의상대사를 기리기 위해 세운 것으로, 대사가 좌선을 하던 곳에 지은 것이다. 하지만 해안에 자리하고 있는 탓에 1936년 태풍으로 무너져 다시 세웠으며, 지금은 해돋이 전망대 노릇을 하고 있다. 의상대와 서로 맞보는 장소에 자리한 홍련암 또한 해돋이를 보려는 관광객이 즐겨 찾는 해안 절벽의 아름다운 암자이다.

조선시대 세조 때(1467) 쌓았다는 무지개 모양의 홍예문도 아름다운 건축물로 손꼽힌다. 이 석문은 조선시대 때 강원도에 26개의 고을이 있어 세조의 뜻에 따라 각 고을에서 돌을 하나씩 내어 쌓은 것이라고 한다. 낙산사 원통보전 건물의 둘레를

둥그렇게 둘러싸고 있는 별꽃무늬담장도 우리나라 가람의 담장 가운데 가장 아름다운 담장의 하나로 손꼽힌다. 이 별꽃무늬담장은 세조가 낙산사를 중수할 때 처음 올렸다고 하며, 암키와와 흙을 차례로 다져 쌓으면서 중간중간 둥근 모양의 화강석을 박아 아름다운 무늬를 연출하고 있는데, 지금은 전체적으로 보수하여 일부 원형이 남아 있는 부분을 연결하였다.

별꽃무늬담장이 있는 원통보전에는 보물 제499호로 지정된 낙

남애항은 동해안 3대 미항 중의 하나로, 사람들의 발길이 많지 않아 조용하게 항구와 바다를 감상할 수가 있다.

낙산사 범종루. 옛날 관동팔경의 하나로 꼽은 낙산사는 해오름이 아름다운 곳으로 통한다.

산사7층석탑도 만날 수 있다. 이 탑은 부분적으로 손상된 곳이 있으나, 전체적인 모양은 옛 모습을 고스란히 간직하고 있다. 낙산사가 처음 생길 때 3층이었던 것을 조선 세조 때 7층으로 올렸다고 하며, 탑의 모양은 중국 원나라 때의 라마탑을 본떠 색다른 느낌이 든다. 최근 낙산사는 사찰체험을 오는 사람들이 즐겨 찾는 곳이기도 하다. 조용한 여행을 원하는 사람이라면 낙산사에서 7번 국도를 타고 내려가다 만나는 남애항을 들러보는 것도 좋을 듯하다. 남애항은 동해안 3대 미항 중의 하나로 별로 크지 않은 항구인데, 기묘하게 널려 있는 바닷가 바위와 서로 마주보는 흰등대, 붉은등대가 인상적이고, 무엇보다 사람들의 발길이 많지 않아 조용하게 항구와 바다를 감상할 수가 있다.

40여 개 토굴에서 익어가는 살큰짭짤 새우젓

광천 토굴 새우젓마을 | 충남 홍성군 광천읍 옹암리 독배마을

독배마을에서는 모두 40여 개의 토굴이 있고,
토굴마다 으뜸의 맛을 자랑하는 토굴 새우젓이 살큰짭짤 익어간다.

광천장(4, 9일장)에 채소를 팔러 나온 시골 할머니들.

광천장(4, 9일장)날이다. 본격적인 김장철을 한 달여쯤 앞둔 때인지라 새우젓으로 유명한 광천장은 일찌감치 김장 준비를 하러 나온 사람들로 붐빈다. 짭짤하고 살큰한 새우젓 삭는 냄새가 시장에 가득하다. 새우젓 냄새를 따라 시장 안쪽으로 들어가면 이제 저마다 새우젓을 내놓고 파는 가게가 줄지어 펼쳐진다. 오젓, 육젓, 추젓뿐만 아니라 어리굴젓, 꼴뚜기젓, 멸치젓, 창란젓, 황새기젓, 밴댕이젓까지 젓이란 젓은 다 모여서 살큰하게 사람들의 후각과 미각을 자극하고 있다. 그런데 광천장에서 파는 새우젓 가운데 상당수는 우리 귀에 생소한 토굴 새우젓이다.

토굴 새우젓이란 말 그대로 토굴 속에서 숙성시킨 새우젓을 가리킨다. 토굴젓은 그 맛과 향이 좋아 다른 새우젓보다 값도 비싼 편이다. 하지만 광천이라 해도 아무데서나 토굴 새우젓을 내는 것은 아니다. 광천읍 옹암리 독배마을에서만 토굴 새우젓이 나온다고 한다. 이야기를 듣고 찾아간 독배마을은 그야말로 새우젓을 삭히는 토굴 천지였다. "이런 토굴이 몇 개나 됩니까?" 마을 사람들에 따르면 독배마을에는 무려 40여 개의 토굴이 있다고 한다. 드럼통으로 따지면 약 1만 5천여 개의 드럼통을 저장할 수 있는 숫자란다. 대체로 이곳의 토굴은 하나의 길이가 1백~2백 미터쯤, 높이가 2미터쯤, 너비는 3미터 정도이다.

마을에서 만난 박기자 씨(50, 신광식품)는 친절하게 40년이 넘었다는 토굴로 우리를 안내했다. 이 굴은 독배마을에서 최초로 토굴 새우젓을 낸 곳이란다. 토굴로 들어서자 짠내와 쿰한 냄새가 진동했다. 굴은 생각보다 길어서 입구부터 끝까지 가는 데도 한참이 걸렸다. 그리고 굴은 안으로 들어가면서 여러 개의 지굴로 이어졌으며, 지굴마다 새우젓을 숙성시키는 플라스틱 통이 즐비하게 놓여 있었다. 이곳이 바로 새우젓 가운데 으뜸의 맛을 자랑하는 토굴 새우젓의 산실인 것이다.

"여기 토굴의 온도가 13~17도 정도예요. 연중 온도의 변화가 없죠. 토굴에서 50일 정도만 숙성시키면 팔 수 있을 정도가 되요. 토굴 안에서 길게는 6개월에서 1년을 둬도 맛이 그대로 유지됩니다. 여기 토굴이 모두 40여 개 되는데, 토굴 하나를 가지고 두 집이 쓰는 데도 있어요." 박기자 씨의 설명이다. 박씨는 한번 맛을 보라며 토굴 새우젓 가운데서도 맛이 가장 좋다는 육젓통을 열어

광천장에 나온 바지락. 광천장날에는 다양한 해산물이 나오지만 역시 새우젓을 가장 알아준다.

광천장의 중심에 자리한 새우젓 시장. 주로 옹암리 독배마을에서 나는 토굴 새우젓을 많이 판다.

보였다. 살이 튼실하게 오른 육젓을 손가락으로 집어 입 안에 넣자 김이 모락모락 오르는 밥 생각이 절로 났다. 처음에는 짠맛이 강하지만, 입 안에서 향긋한 젓 냄새가 오래오래 혀끝에 감돌았다.

"토굴 새우젓은 일단 변질이 없고, 김장을 해놓으면 맛이 확 달라요. 김장을 해서 1년 내내 냉장고에 둬도 그대로일 정도로 저장성도 뛰어나요. 이건 일체 조미료 넣지 않고, 물도 넣지 않고 오로지 토굴 안에서 자연숙성해서 파는 거예요." 사실 젓갈의 맛은 숙성이 좌우한다고 해도 지나친 말이 아니다. 또 숙성에는 온도와 습도가 일정하게 유지되는 것이 필수적인데, 독배마을의 토굴은 바로 이런 최상의 조건을 다 갖추고 있다. 물론 신선도가 중요한 젓갈용 새우 재료를 가져오는 것 또한 바닷가가 지척이니 걱정할 필요가 없다.

젓갈은 김치와 더불어 대표적인 우리네 발효식품으로 꼽힌다. 그 가운데서도 가장 사랑받아온 젓갈이 새우젓이다. 새우젓은 그냥 고춧가루와 깨소금으로 무쳐서 반찬으로 내놓기도 하지만, 김치를 담글 때 없어서는 안 되는 기본재료로 널리 쓰였다. 또한 돼지고기를 먹을 때도 탈을 없애준다 하여 빠지지 않았던 것이 새우젓이다. 새우젓은 크게 오젓, 육젓, 추젓으로 나뉘는데, 오젓은 5월에, 육젓은 6월에, 추젓은 가을에 잡은 새우를 써서 그렇게 불린다. 보통 새우젓 가운데 육젓을 으뜸으로 치는데, 이는 산란기인 6월에 새우의 살이 통통하게 올라 있기 때문이다.

그 밖에도 늦여름부터 초가을까지 속이 투명한 자하로 담은 자하젓, 초봄에 작은 보리새우로 담은 세하젓, 겨울에 잡아 담는 동백젓이 있다. 보통 육젓은 반찬용으로 많이 쓰이며, 김장용으로 많이 쓰이는 것은 가을에 나는 추젓이다. 새우는 칼슘과 단백질이 풍부하며, 비타민과 무기질이 들어 있어 더없이 좋은 김장 양념이다. 그러나 일반인들이 오젓과 육젓을 구분하는 것도 쉽지 않거니와 같은 추젓이라 해도 좋고 나쁨을 구분하는 것은 어려운 일이다. 일반적으로 좋은 새우젓을 고르는 방법은 전체적으로 약간 붉은색을 띠어야 하고, 새우의 껍질이 얇으며, 속살이 통통해 입에서 씹히는 맛이 있는 것이 좋다고 한다. 또 냄새를 맡아보았을 때 특유의 새우젓 향이 강해야 좋은 것이며, 검은색이 돌거나 약간이라도 부패한 냄새가 나면 너무 오래 된 것이다.

흔히 예부터 '서산' 하면 어리굴젓이요, '광천' 하면 새우젓이었다. 한창 광천의 새우젓이 날개 돋힌 듯 팔리던 1970년대 초만 해도 독배마을의 옹암포에는 하루 1백여 척의 새우젓 어선이 들고 날 정도였지만, 개발의 피해를 비켜갈 수는 없었다. 간척사업으로 해안이 개발되고 포장도로가 생겨나면서 옹암포는 더는 새우젓 포구는 커녕 배도 댈 수 없는 곳으로 바뀌었다. 그렇게 독배

토굴 새우젓으로 유명한 옹암리 독배마을 전경. 도로 양옆으로 온통 토굴 새우젓 가게다.

토굴 새우젓 중에서도 살이 통통하고 씨알이 굵은 육젓.

박기자 씨가 자신의 토굴에서 새우젓의 숙성 정도를 살펴보고 있다.

마을 사람들은 앉아서 새우젓 포구를 잃었다. 그러나 새우젓의 명성까지 내던질 수는 없었다. 1960년대 마을에서 처음으로 생겨난 새우젓 토굴이 이제 그 명성을 물려받게 된 것이다. 하나였던 토굴이 두 개가 되고, 두 개가 네 개가 되고, 다시 열 개, 스무 개로 독배마을은 토굴 천지로 변해갔다. 한마디로 토굴은 옛 옹암포의 명성을 이으려는 독배마을 사람들의 슬기로움과 부지런함의 산물이나 다름없다.

독배마을이 있어 광천은 여전히 우리나라의 으뜸 새우젓 시장으로 통하고 있다. 특히 김장철이 가까워오면 광천장은 새우젓을 사러 전국에서 몰려온 사람들로 문전성시를 이룬다. 맛보는 것은 공짜요, 한 '젓칼(젓을 뜨는 도구)'쯤 덤은 기본이다. 한때 우리나라 새우젓 유통량의 70퍼센트 이상을 냈다는 광천장. 분명 예전보다 못한 것은 사실이지만 한번 광천 새우젓 맛을 보고 간 사람이면 꼭 다시 광천을 찾는다. 그것도 독배마을의 토굴 새우젓을 한번 맛보고 나면 다른 새우젓은 거들떠보지도 않는다고 하니, 그 맛이 어느 정도인지 짐작이 갈 것이다.

광천에서는 새우젓 시장이 북새통을 이루기 시작하는 10월 중순쯤 새우젓 축제(일 주일)도 열고 있다. 1996년부터 열리기 시작한 새우젓 축제에는 풍물놀이와 엿장수

공연을 비롯하여 다양한 공연이 펼쳐지는데, 축제기간 중(10퍼센트 저렴하게 판매) 팔리는 새우젓만 해도 40~50톤이나 된다고 한다. 광천장을 찾을 거라면 축제기간에 맞춰 찾는 것이 좋을 것이며, 이왕 광천을 찾았다면 한 번쯤 읍내에서 지척인 독배마을을 찾아 직접 새우젓을 숙성시키는 토굴을 둘러보는 것도 괜찮을 것이다. 토굴에서 직접 맛보는 살큰짭짤한 새우젓 맛은 덤으로 얻는 즐거움이다.

여행수첩

광천 독배마을에 가려면 서해안 고속도로 광천 인터체인지로 빠져나오면 된다. 독배마을은 인터체인지와 광천읍 사이에 있다. 서울 남부터미널에서 홍성까지 고속버스가 수시로 있다. 독배마을에 들어서면 야산 쪽으로 철문을 해놓은 토굴들을 볼 수 있는데, 이곳들이 바로 새우젓을 숙성시키는 토굴이다. 광천장은 4, 9일이며, 새우젓 축제는 10월 중순에 열린다. 문의 : 홍성군 문화관광 041-630-1224, 독배마을 신광식품(박기자 씨) 041-641-5190, 램파트 호텔 041-631-1300, 신촌파크 041-641-6611, 뉴월드파크 041-641-6766, 까치골어죽 041-632-3341, 041-641-2695.

성곡리 한용운 생가와 철새 낙원 서산 천수만

홍성군 결성면 성곡리. 여기에 시인이자 스님이며,「님의 침묵」이란 시로 잘 알려진 만해 한용운 선생(1879~1944)의 생가가 있다. 선생이 이곳에서 나서 언제까지 살았었는지는 정확한 기록이 없으나, 어린 시절을 이곳에서 보낸 것만큼은 확실하다. 선생은 1919년 3·1운동이 일어났을 때 민족대표 33인 중의 한 분으로 독립선언서를 낭독한 뒤, 체포되어 3년형을 구형받았다. 당시 민족대표 33인 가운데 상당수는 변절을 하거나 친일파로 돌아섰지만, 선생께서는 끝까지 일제에 저항하였다. 현재 남아 있는 생가는 폐허가 되어 사라진 것을 1992년에 새로 복원한 것으로, 싸리 울타리를 둘러친 세 칸 초가로 되어 있다. 뒤늦게 복원시키기는 했지만, 친일파의 동상도 버젓이 서 있는 마당에 독립운동가의

홍성군 결성면 성곡리에 있는 한용운 선생의 생가.

생가가 오랜 세월 폐허로 남아 있었다는 것을 어떻게 설명해야 할까. 친일을 했던 많은 문화계, 정치계, 경제계 인사들이 광복 이후 오히려 지배층이 되어 부와 권력을 누린 것에 대해 어떻게 설명해야 할까. 이 부끄러운 역사에 대해 미래의 후손들에게 어떻게 가르쳐야 할까.

만해 선생 생가가 있는 결성면에서 614번 지방도를 타고 조금만 가면 철새의 낙원 천수만이 나온다. 천수만은 홍성군 서부면과 서산시 부석면, 태안군 안면도 사이의 바다를 일컫는데, 서산방조제 건설과 함께 생겨난 담수호 간월호(A지구)와 부남호(B지구)는 이후 우리나라 으뜸 철새 도래지가 되었다. 특히 부남호의 두 배에 달하는 간월호에는 조류가 좋아하는 물고기가 많고 은신처인 억새밭이 사방에 펼쳐져 있으며, 먹이 공급처인 논이 주변에 드넓게 분포하고 있어 철새들에게는 더없이 좋은 서식 환경이 되고 있다.

최근 밝혀진 바로는 무려 60여 종, 2백만여 마리의 철새들이 천수만을 찾는다고 하며, 특히 흰뺨검둥오리, 흰비오리, 청둥오리 같은 오리들을 비롯해 큰고니와 기러기, 원앙, 흑두루미, 노랑부리저어새, 검은머리물떼새, 장다리물떼새, 민물도요, 좀도요새, 쇠백로, 해오라기, 쇠물닭, 검은딱새 등이 이곳을 중간 기착지 및 서식처로 삼는다고 한다. 사시사철 천수만은 새들의 낙원이지만, 겨울이 되면 그야말로 천수만은 시끌벅적해진다. 더욱이 먹이활동을 떠나는 황혼 무렵 천수만 하늘은 오리와 기러기 떼가 그리는 변화무쌍하고 기하학적인 무늬로 장관을 이룬다. 하늘을 새가 많게 물들인다는 표현이 맞을 정도이다.

제4부 겨울 마을

■ 산청 복조리마을
경남 산청군 시천면 중산리 신촌, 덕치마을

무주 인동초 바구니마을
전북 무주군 설천면 심곡리 배방마을

하동 짚신마을
경남 하동군 적량면 고절리, 하동읍 신기리

횡성 참숯마을
강원 횡성군 갑천면 포동리 고래골

진부령 황태마을
강원 인제군 북면 용대리

조리 만들어 복을 파는 산죽 우거진 마을

산청 복조리마을 | 경남 산청군 시천면 중산리 신촌, 덕치마을

신촌마을은 전체 50여 가구 가운데 20여 가구가 복조리를 만들고 있으며,
덕치마을도 약 3분의 1 정도의 가구가 복조리를 만들어 판다.

흰눈을 이고 있는 지리산 천왕봉을 눈앞에 두고 20번 국도를 거슬러오른다. 천왕봉을 오르는 들머리마을에 이르자 '물레방아촌'이라 쓴 알림돌 하나가 도로변에 서서 마을의 물레방아를 가리킨다. 중산리 신촌마을, 일명 물레방아마을이다. 마을에는 모두 옛 방식을 따른 18기의 물레방아를 만들어놓았는데, 마을에서는 앞으로도 더 많은 물레방아와 옛 방앗간 시설을 갖춰놓을 예정이어서 이제 곧 전국에서 유일한 물레방아촌으로 거듭날 전망이다. 물레방아촌으로 불리는 이 신촌마을은 개울을 경계로 이웃한 덕치마을과 더불어 우리나라에서 가장 알아주는 복조리마을로 알려져 있다.

그 복조리마을에 도착해 가장 먼저 찾아간 곳은 부부가 함께 복조리를 만드는 이정구 이장댁이다. 집으로 들어서자 이씨의 부인인 김말순 씨(47)가 잔뜩 쌓인 산죽과 복조리더미 앞에서 한창 복조리를 만들고 있었다. "나 어릴 때는 우리 동네서 소구리(소쿠리), 바구니, 자리 이런 거 맹글고 그랬는데, 여기는 이래 와보니 조래(복조리) 맹글드라구. 이거는 싼죽(산죽) 1년생만 써요, 그게 부드러우니까. 이래 앞에다 대는 '고동대'만 몇 년생을 써요. 싼죽을 해오면 그걸 갖고 네 조각으로 쪼개서 볕에다 2~3일 정도 말리가 껍질을 벗겨내고 이래 막 털어가꼬 물에 하루 정도

산청군 시천면 중산리 신촌마을 뒷산에서 내려다본 신촌마을의 다랑논과 눈 쌓인 지리산 천왕봉.

당가(담가)노면 대가 마음대로 부드럽게 움직여. 그럼 그걸 가지고 조래를 맹글어요." 시집올 때부터 만들기 시작해 벌써 20년 넘게 복조리를 만들어오고 있다는 김씨는 능숙한 손놀림으로 순식간에 뚝딱, 복조리를 만들어냈다.

"이게 쌘죽으로 하니까 만들다 보면 손이 다 떨어지고, 피가 나고 그래요. 장갑 찌고는 이게 또 잘 안 되거든요. 첨엔 물집도 막 생기고 그랬는데, 이제는 이래 손에 굳은살이 배기가꼬 손이 엉망이지 뭐." 그에 따르면 하루 부지런히 만들면 1백 개 정도의 복조리를 만든다고 하는데, 많이 만드는 이는 1백50개까지도 만든다고 한다. 알다시피 복조리는 산에서 나는 산죽으로 만든다. 지리산 자락에 깃든 중산리 인근에는 자생적으로 자란 산죽이 널려 있어 예부터 중산리와 주변 마을의 겨울나기는 내내 복조리를 만드느라 분주했다. 지금까지도 이 옛날 복조리 만들기의 전통을 이어오고 있는 마을이 바로 중산리 신촌과 덕치마을이다. 신촌마을의 경우 전체 50여 가구 가운데 20여 가구가 복조리를 만들고 있으며, 덕치마을도 전체 가구 가운데 약 3분의 1 정도의 가구가 복조리를 만든다고 한다.

이장댁을 나와 찾아간 성창덕 할머니(69) 댁에서도 복조리 만들기가 한창이었는데, 이곳에서는 마을의 여러 할머니들이 마루에 모여 이야기꽃을 피워가며 복조리를 만들고 있었다. 복조리를 만들 때면 이들 할머니들은 언제나 한곳에 모여 만든다고 한다.

이용구 할아버지가 개울 건너 앞산에서 낫을 들고 산죽 채취에 한창이다.

249

"내가 열여덟 살에 시집 와가꼬 맹글기 시작했으니까 50년 넘게 조래 만들었어요. 이걸로 애들 공부 다 시키고, 도움이 많이 된 기죠 뭐." 성창덕 할머니의 말씀이다. 마루에서 할머니들이 복조리를 만드는 동안 이용구 할아버지(70)는 개울 건너 앞산에서 낫을 들고 산죽 채취에 한창이었다.

"작년 치는 가지가 나서 못 쓰고, 올해 난 거만 써요. 이게 년생이 같은 대라도 잘 쪼개지는 대가 있고, 안 쪼개지는 대가 있어. 이 골짝 거 다르고 저 골짝 게 또 달라. 내가 보니까 이 동네서도 3분의 2는 쪼개도 잘 안 나가는 대야. 대라 카는 게 아무케도 잘 쪼개지는 대가 좋은 대라 할 수 있지. 지금은 대도 많이 없어졌어. 숲이 이래 꽉 차니까 산죽이 다 죽어버린다구. 나무를 베주야 산죽이 잘 자라는데, 나무에 치서 산죽이 싹 죽어버린다구." 자신이 젊었을 때만 해도 신촌마을 주변의 산자락은 산죽으로 넘쳐났으나, 이제는 간신히 마을에서 복조리를 만들 만큼만 남았다고 한다.

이용구 할아버지가 산에서 방금 잘라온 산죽을 다듬어 자르고 있다. 잘 쪼개져야 좋은 산죽이라고 한다.

신촌에서 만드는 복조리는 큰 것과 중간것과 작은것, 세 종류가 있는데, 보통 작은것이 50개 한 지레(묶음)에 2만 5천 원이고, 중간것과 큰것은 한 지레에 5만~15만 원이란다. 작은것이 한 개에 5백 원 꼴인 셈이다. 이정구 씨에 따르면 요즘에는 복조리마저 중국산이 많이 들어오는 통에 품삯에 비해 복조리값이 말이 아니라고 한다. "그 전에는 동네가 싹 다 만들었다 아입니까. 근데 이제는 이것도 사양길이 돼가꼬, 참 힘듭니다." 복조리까지 중국산이 들어올 줄이야. 물론 모양이나 품질을 보면 중국산과 산청산은 비교도 안 된다. 그냥 한눈에 척 봐도 중국산은 조잡하기가 이를 데 없다는 것이다.

신촌마을을 나와 덕치마을에 도착하니, 때마침 마을에서 만난 이정선 할머니(66)가 복조리를 실어내고 있었다. 복조리를 만든 지 40년이 되었다는 이정선 할머니 댁은 그동안 만들어놓은 복조리더미가 집 안이며, 헛간에 수북하게 쌓여 있었다. 할머니는 두 묶음씩 커다란 복조리 묶음을 머리에 이고는 집을 내려와 총총 마을길로 향했다. 산죽이 우거진 숲을 배경으로 자리한 덕치마을 풍경과 그 풍경 속을 총총이 걸어가는 복조리 할머니의 모습은 마치 오래된 흑백영화의 한 장면처럼 보였다. 마을의 집들도 흙집이 대부분이어서 복조리마을 분위기와 제법 어울렸다.

이 마을의 박을순 할머니(71) 댁에는 요즘 보기 드문 조왕중발도 볼 수가 있다. 조왕중발이란 부엌에서 조왕을 모시는 '턱'인데, 박씨 할머니 댁에는 가마솥이 걸린 바로 윗벽에 설치해놓았다. 특이한 것은 툭 삐져나온 턱에다 둥그렇게 생긴 검은돌을 받침돌로 박아놓아 정성을 더했다는 것이다. 요즘에야 조왕을 따로 모시지는 않지만, 명절 때나 보름 때가 되면 옛날 하던 대로 하얀 종지에 정화수를 떠서 조왕중발에 올려놓는다고 한다. 아직도 할머니의 마음속에 오래된 조왕

신촌마을의 노인들은 사랑방을 작업실 삼아 삼삼오오 모여 복조리를 만든다.

복조리는 산죽으로 만들기 때문에 거친 산죽에 손이 닿고 피가 나기 십상이다.

음력 정월 초하룻날이나 대보름날 집안에 조리를 새로 걸어두는 것이 우리의 풍속이지만, 최근에 복조리는 장식용으로 전락했다.

신이 머물러 있는 셈이다.

우리 풍속에는 음력 정월 초하룻날이나 대보름날이 되면 집안에 조리를 새로 걸어두는 것이 있었는데, 이렇게 하면 집안으로 복이 들어온다고 여겼다. 본래 조리는 쌀을 이는 데 쓰지만, 복이 쌀 일 듯 일어나라는 바람에서 조리를 걸어두었던 것이다. 초하룻날 거는 조리를 복조리라 불렀던 것도 그 때문이다. 과거에는 새해 첫날이 밝으면 마을마다 복조리를 팔러 다니는 사람들을 흔히 볼 수가 있었다. 복조리를 일찍 사서 일찍 걸어둘수록 복도 일찍 들어온다는 속설이 있어서 옛날 사람들은 초하룻날 새벽부터 잠을 설치며 복조리를 돌리는 사람을 기다리곤 하였다.

복조리를 돌리던 복조리 장수는 전문 장사꾼이라기보다는 마을의 청년들이나 부녀회의 아녀자들이 대부분이었다. 마을에서 만든 복을 마을에서 돌림으로써 복이 마을에 돌아다니기를 바라는 마음에서였다. 과거 새로 사서 걸어둔 조리에는 건강과 복을

덕치마을 박을순 할머니가 부엌문을 열고 나오고 있다. 문 옆에는 조리가 걸려 있다.

금방 만들어 싱싱한 산죽 냄새가 가시지 않은 복조리가 수북하게 쌓여 있다.

비는 마음에서 실과 성냥 등을 담아두기도 했는데, 한 해가 지나면 이를 태우고 새로운 조리를 걸어 새로운 복을 기다렸다. 그러나 이제는 새해 아침이 밝아도, 복조리를 돌리는 사람이나 복조리를 사려는 사람을 아예 볼 수가 없다. 언제부턴가 우리는 마음에서 그렇게 스스로 복을 멀리 하고 있는 것이다.

 여행수첩

　복조리마을에 가려면 대전-진주 간 고속도로를 타고 가다 단성 인터체인지로 나와 20번 국도로 바꿔 탄 뒤, 지리산 쪽으로 방향을 잡아가다 보면 동당리를 지나 중산리 덕치마을과 신촌마을이 차례로 나온다. 신촌마을 앞에 '물레방아촌'이라는 표지석이 서 있다. 남사리는 단성 인터체인지를 빠져나와 20번 국도를 타고 조금만 가면 만날 수 있다. 문의 : 신촌민박 이정구 055-972-1493. 신촌마을은 민박촌이기도 해서 잘 데와 먹을 데는 마을에서 해결하면 된다.

옛빛 그득 담은 남사리 고가촌

대전-진주 간 고속도로 단성 인터체인지로 빠져나와 20번 국도를 타고 중산리를 향해 가다 보면 도로변에 옛집이 즐비하게 늘어선 남사리 고가촌을 만나게 된다. 남사리에는 남부지방의 양반가옥 모습을 보여주는 기와집이 수십여 채 들어서 있는데, 거개의 집들은 2백여 년 전후에 지은 것이라고 한다. 풍수지리상 마을은 반달 모양을 띠고 있다고 하며, 달이 차면 운세가 기울게 될 것으로 여겨 아직도 마을의 모양은 반달 모양을 유지해오고 있다. 마을에 들어서면 집과 집 사이에 높이 쌓아올린 돌흙담이 가장 먼저 눈에 띈다. 마치 성곽의 담처럼 튼실해 보이는 이 돌흙담은 다른 지역에 비해 그 높이가 훨씬 높은 편인데, 이로 인해 돌담 너머의 기와집은 조금 폐쇄적으로 보이는 게 사실이다.

남사리에서 가장 오래된 가옥은 이상택 가옥으로, 약 3백여 년

남사리 고가촌의 사양정사. 본래 연일 정씨 문중의 재실이기도 한 사양정사는 특히 솟을대문과 거북 모양의 문빗장이 눈에 띈다.

전에 지어졌다고 한다. 안채는 전형적인 남부지방의 양반가옥 형태인 일(一) 자형을 띠고 있으며, 안채를 중심으로 사랑채와 헛간채 등은 입 구(口) 자로 배치되어 있다. 사양정사((泗陽精舍)도 멋지게 지은 집이다. 본래 연일 정씨 문중의 재실이기도 한 사양정사는 특히 솟을대문과 거북 모양의 문빗장이 눈에 띈다. 재실의 누마루와 옛빛이 그득한 나무기둥도 옛집의 향기를 물씬 풍기는 그런 집이다. 이 밖에도 마을에는 옛빛을 그득 담은 옛집들을 얼마든지 만날 수가 있다

옛 손솜씨로 태어나는 태깔 좋은 인동초 바구니

무주 인동초 바구니마을 ㅡ 전북 무주군 설천면 심곡리 배방마을

살풋 눈 내린 남대천을 따라 오른다. 흔히 '남대천' 하면 강원도 양양 땅의 남대천을 떠올리는 이들도 있겠지만, 무주의 남대천은 최근 우리에게 천연기념물인 반딧불과 그 먹이 서식지로 알려지기 시작했다. 남대천에서도 반딧불 보호구역으로 지정된 곳은 설천면 청량리마을 앞 용화다리를 기점으로 소천리 평지마을까지 이어진 남대천 중류와 여기서 다시 나림마을까지 올라가는 대불천 하류가 여기에 든다. 봄이 가까이 왔건만 남대천 상류로 올라갈수록 계곡이 온통 얼음으로 덮여 있다.

남대천 줄기는 설천면 소천리에 이르러 대불천과 만나고, 다시 나제통문에 와서는 덕유산에서 뻗어 내려온 구천동과 만난다. 남대천이 있고, 나제통문이 있으며, 구천동과 덕유산을 품에 안은 땅. 바로 이곳이 무주에서도 가장 '축복받은 땅'으로 불리는 '설천'이다. 우리에게는 다소 낯선 이름인 설천. 전하는 이야기에 따르면, 옛날 덕유산 백련사라는 절에 9천 명이나 되는 스님들이 살고 있었다고 한다. '구천동'이라는 이름은 바로 '9천 명이 살았다'는 뜻의 '구천둔'에서 비롯된 것인데, 재미있는 것은 스님이 9천 명이나 되다 보니 밥을 먹기 위해 한 번 쌀을 씻으면 냇물이 온통 흰눈이 내린 듯 하얀 뜨물이 흘렀다는 것이다. 이곳의 땅 이름이 설천이 된 까닭은 거기에서 비롯된 것이다.

옛날 신라와 백제의 국경을 나누던 나제

눈과 얼음으로 뒤덮인 무주 구천동. 이 구천동을 따라 올라가면 인동초 바구니 마을인 배방마을이 있다.

통문으로부터 덕유산에 이르는 구천동을 따라가는 길은 학소대, 수성대, 추월담, 수심대를 비롯해 그야말로 아름다운 경치가 연이어 펼쳐져 있다. '구천동' 하면 으레 사람들은 깊은 산골을 떠올린다. 하긴 옛날 변변한 도로조차 없던 시절에 산길을 따라 70리를 걸어가자면, 누구나 깊은 산골이라는 생각을 할 수밖에 없었을 것이다. 산이 높고 계곡이 깊다 보니, 옛날 구천동과 덕유산 자락에는 전쟁을 피해 들어온 피난민들도 많았다고 한다. 특히 덕유산은 임진왜란 때 수많은 사람들의 피난처이자 의병들의 숨겨진 활동지였다. 본래 덕유산의 이름은 광여산이었다고 한다. 그러나 임진왜란 때 수많은 피난민들이 들어와 있었음에도 왜병들이 이곳을 지날 때마다 짙은 안개가 드리워 사람들을 보지 못하고 지나쳤단다. 그래서 사람들은 광여산의 신비로움에 덕이 있는 산이라 하여 '덕유산'이라 고쳐 불렀다는 것이다.

현재 국립공원으로 지정된 덕유산 자락에는 스키장과 숙박시설을 갖춘 무주 리조트가 들어서 있으며, 리조트 아랫마을인 심곡리에는 관광단지가 조성되어 있다. 또한 심곡리에서는 특이한 마을도 하나 만날 수 있는데, 외지인들에게는 별로 알려지지 않

심곡리 배방마을 마을회관은 인동초 바구니를 만드는 작업실이나 다름없다. 마을 사람들이 이곳에 모여 바구니를 만든다.

90세가 넘은 신태문 할머니가 바싹 마른 인동초 줄기를 살펴보고 있다.

인동초는 바싹 말릴수록 더 부들부들해진다. 이것을 가지고 물에 담가놓았다가 바구니를 만들 때 건져서 쓴다.

은 이른바 '인동초 바구니마을'로 불리는 배방마을이 바로 그곳이다. 관광단지에서 작은 언덕을 하나 넘으면 나오는 마을이다. 미리 배방마을 이장님께 전화를 넣어놓고 마을회관에 도착해보니, 20여 명에 가까운 사람들이 벌써 회관에 모여 바구니를 짜고 있었다. 회관 문을 열고 들어서자 사람들은 너나없이 어서 들어오라는 인사말을 건넨다.

회관 바닥은 온통 인동초 넝쿨과 '장대미'로 불리는 댕댕이넝쿨 투성이이다. 이 마을에서 본격적으로 인동초 바구니를 만들기 시작한 것은 5년 전. 처음에는 그냥 한번 만들어 관광단지에서 민예품으로 팔았는데, 예상보다 반응이 좋았다고 한다. 그래서 여럿이 함께 모여 인동초 바구니를 만들어 팔기로 하고, 마을회관을 공동작업장으로 삼았다. 마을 사람들의 대부분이 과거 댕댕이넝쿨로 바구니를 만들어본 경험이 있었던지라 바구니 만드는 데에는 큰 어려움이 없었다. 가장 어려운 것은 재료인 인동초넝쿨을 구하는 일이었다. 인동초는 전국 어디서나 만날 수 있는 식물이지만, 바구니를 만들기 위해서는 워낙에 많은 양이 필요하기 때문에 그 많은 재료를 구하기란 결코 쉬운 일이 아니다.

노인회장 김학수 할아버지(76)에 따르면 마을 주변뿐만 아니라 이웃마을까지 가서 인동초를 떠온다고 한다. "여기도 있긴 있지만, 부족허니까 딴 디 가서도 마이 떠와요. 주로 이건 늦가을에 떠오고, 겨울에는 눈 쌓여서 못 떠와요. 겨울에 바구니를 짜려고 인동초 미리 떠다놔요. 이게 겨울에도 이파리가 시퍼렇게 살아있거든요. 그만큼 생명력이 강한 거고, 향기도 좋아요. 또 이게 약재로 쓰는 거니까 건강에도 좋은 거지. 인동초가 저런 산이나 전답 묵은 디, 주로 그런 디가 많아요. 덩굴이 뱅뱅 갱겨나가는 게 아니라 이건 쭉쭉 뻗어나가요. 그러니 바구니에 쓰죠."

이렇게 뜯어온 인동초는 곧바로 가마솥에 넣고 30분 내지 1시간쯤 물이 팔팔 끓을 정도로 삶아낸다. 다 삶아낸 넝쿨은 손으로 죽죽 훑어 파란 껍질을 벗겨내는데, 껍질을 벗기고 나면 하얀 속살이 드러난다. 하지만 이것으로 준비가 끝난 것은 아니다. 여기서 한 번 더 넝쿨을 돌이나 시멘트 바닥에 놓고 박박 문질러 깨끗하게 다듬은 뒤, 물에 씻어 하루나 이틀 정도 볕에다 바싹 말린다. 인동초는 바싹 말릴수록 더 부들부들해진다고 한다. 이제 이것을 가지고 물에 담가놓았다가 바구니를 만들 때 건져서 쓰면 된다.

"처음에는 여덟 날을 가지고 십자 모양으로 바닥을 맨들어요. 그리고 인저 뱅뱅 돌아가민서 날을 추가하는 거요. 밑면만 서른두 날이 들어가요. 밑면이 다 되면 이릏게 구부려서 옆면을 만들고 날을 추가해서 128날까지 날을 넣어요. 옆면에다 이릏게 까맣게 무늬를 넣는 거는 보기 좋으라고 정대미(댕댕이)를 가지고 하는 거요. 마무

최일남 할아버지가 주루막을 만들고 있다. 배방마을에서는 짚으로 짚신과 씨오쟁이, 망태, 똬리 등도 만들어낸다.

바구니는 먼저 인동초 여덟 날을 가지고 십자 모양으로 바닥을 만들고, 빙빙 돌아가며 날을 추가해 서른두 날이 되면 구부려 옆면을 만든다.

리할 때는 날을 안으로 집어넣어 뒤처리를 허면 끝나요. 이게 참 손이 많이 가요." 김학수 할아버지에 따르면, 이곳에서 인동초로 바구니를 비롯해 소쿠리와 종다래끼, 채반, 장식용 소품까지 다 만든다고 한다. 물론 전에는 이런 것들을 모두 댕댕이넝쿨 하나로 만들었단다.

"옛날에넌 정대미를 떠다가 정대미 소쿠리, 정대미 바구니 다 했지. 인동초는 약재거든. 약재 껍데기를 벳겨서 해보니까 좋거든, 이게. 그래서 지금은 인동초로 허는 거지." 어려서부터 숱하게 댕댕이 바구니를 만들어왔다는 길호임 할머니(88)의 이야기다. 마을회관에는 90세가 넘은 신태문 할머니까지 나와서 바구니를 만들고 있었는데, 아무래도 장수의 비결이 어느 정도는 '바구니 만들기'에 있는 듯했다. "옛날에는 이걸 많이 했지. 근데 이제는 이래 늙어징게 눈도 희미해지고 잘 못히여. 그래도 집에 있는 것보다야 여기 와서 손이라도 놀리는 게 낫지."

최근 배방마을이 인동초 바구니마을로 조금씩 알려지면서 주문도 덩달아 늘어 마을 사람들의 손길이 몇 배는 더 바빠졌다고 한다. 마을에서 만드는 바구니는 대부분 장식용으로 나가지만, 유과나 엿을 담는 실용적인 바구니도 꽤 나간다. 뿐만 아니라 배

방마을에서는 짚으로 짚신도 삼고, '옹탱이'라 불리는 씨오쟁이도 만들고, 둥대미(둥구미), 망태, 따바리(똬리)도 만들고 있으며, 싸리나무로 소쿠리나 광주리를 엮고, 지게 바지게도 만들어낸다. 또 조릿대(벼과의 여러해살이 풀)를 가지고 복조리를 만들기도 한다. 회관에 나오는 노인들이 많다 보니 자연히 이런저런 솜씨를 가진 분들도 많아 이것저것 다 하게 되었다는 것이다.

"어릴 때부텀 많이 했어. 옛날에야 직접 신 삼아 신고, 가마니도 항시 치고, 따바리 같은 거 맷방석 같은 거 쓸려고 다 맨들었지 뭐. 정대미 바구니 같은 것도 옛날에는 쓸려고 만들었지, 어디 팔 생각은 못했어. 이 인동초로 만든 바구니를 보면 색이 뽀얀헌 게 그냥 봐도 참 좋다구." 짚신이건 망태건 바구니건 못 만드는 것이 없다는 최일남 할아버지(87)의 말씀이다. 바구니 만드는 구경을 마치고 마을회관을 나와보니, 벌써 덕유산 자락에는 희미한 어둠이 드리우고 있었다. 덕유산의 커다란 산 그림자도 깊어가고, 하늘에는 어느덧 바구니만한 보름달과 반딧불 같은 잔별들이 총총 떠서 실낱같은 구천동 길을 훤하게 비추었다.

바구니 옆면을 만들 때는 날이 1백28날까지 늘어나며, 중간중간 댕댕이넝쿨로 띠장식을 넣는다.

인동초 바구니는 만들어놓으면 보기에도 좋을뿐더러 좋은 향까지 난다.

여행수첩

　무주 땅 심곡리 배방마을에 가려면 경부 고속도로를 타고 대전까지 와서 최근에 새로 생긴 대전과 무주를 잇는 대전-진주 간 고속도로를 이용한다. 무주에서 설천으로 가려면 무주 인터체인지로 빠져나와 다시 30번 국도를 타고 남대천을 거슬러오르면 된다. 설천면 나제통문을 지나면 37번 국도를 타고 무주 리조트가 있는 심곡리까지 올라가 배방마을 쪽으로 우회전하면 된다. 서울 남부터미널에서 버스도 있으며, 3시간 정도가 걸린다. 잠잘 데나 먹을 데는 무주 리조트나 구천동 관광단지, 배방마을과 삼공리 민박촌에서 해결하면 된다. 무주 리조트 063-322-9000, 배방마을 마을회관 063-322-9355.

백제 국경검문소 나제통문과 점말 샛집

다른 구경

　백제 국경검문소. 현재 나제통문에서는 옛 백제병 복장을 한 경비병이 경비를 서고 있는 모습을 볼 수 있다. 경비병은 창까지 들고 제법 그럴싸하게 경비를 서고 있지만, 이는 실제 경비병이 아니며, 관광객을 위해 옛 국경검문소를 재현하고 있는 것이다. 나제통문은 삼국시대 신라와 백제의 국경을 나누던 곳으로, 지금은 설천면 소천리와 두길리를 나누는 경계선 노릇을 하고 있다. 그러나 처음부터 굴이 있었던 것은 아니며, 일제시대 때 무주와 김천을 잇는 도로를 놓으면서 굴을 뚫어놓은 것을, 이곳이 옛날 국경이었다는 점을 들어 나제통문이라 부르게 되었다. 이 지역은 통문을 사이에 두고 옛날부터 언어와 풍습이 서로 달랐는데, 지금도 나제통문 동쪽 마을은 경상도 사투리를 쓰고 있고, 서쪽 마을은 전라도 말투를 쓰고 있다. 우리가 수없이 들어온 무주 구천동은 바로 이 나제통문으로부터 시작해 덕유산까지 무려 70리에 걸쳐 이어지며, 구천동 33경의 제1경도 바로 이 나제통문에서 시작된다.

　나제통문을 지나 설천면에서 대불리 쪽으로 길을 잡아가면 도로가 끝나는 곳에 미천리라는 마을이 있다. 이 마을에서 다시 석기봉 쪽으로 30여 분쯤 산을 타고 오르면 무주에서 가장 궁벽한 마을 점말이다. 점말에서

나제통문은 삼국시대 신라와 백제의 국경을 나누던 곳으로, 지금은 설천면 소천리와 두길리를 나누는 경계선 노릇을 하고 있다.

미천리 점말에서는 요즘은 보기 드문 샛집(억새지붕집)을 한 채 만날 수 있다.

는 이제 우리나라에서 사라져가고 있는 옛 샛집(억새지붕집)을 한 채 만날 수가 있다. 노부부가 사는 이 샛집은 벽체가 통나무로 된 방 한 칸짜리 귀틀집이며, 부엌은 억새를 빙 둘러쳐 비바람 눈보라를 막은 한데 부엌이다. 여기에는 옛날 조왕신을 모시던 조왕중발이란 턱받이가 있지만, 지금은 촛대 구실만 하고 있다. 할아버지에 따르면 지금의 지붕은 몇 년 전에 새로 해 얹은 것이란다. 노부부는 30여 년째 이 샛집을 외롭게 지켜가고 있다.

짚신 삼으며 사라져가는 옛 짚풀문화를 지켜간다

하동 짚신마을 | 경남 하동군 적량면 고절리, 하동읍 신기리

고절리 안성마을은 모두 45가구, 남정마을 20여 가구, 고석과 강선마을도 50여 가구,
신기리 또한 20여 가구 정도가 겨울이면 짚신을 삼는다.

짚신을 삼을 때는 우선 틀거리가 되는 새끼를 꼬아놓고, 이 새끼를 신틀에 걸어 뜨개질하듯 앞축부터 삼아나간다. 이어 신총과 신바닥을 삼는다.

짚신이 완성되면, 나막신처럼 생긴 신골에 골토막을 넣고 골망치로 두드려 신골 메우기를 한다.

하동의 겨울은 을씨년스럽다. 눈이 많이 내리는 것도 아니고, 혹독한 칼바람이 불어오는 것도 아니건만 하동의 겨울은 공연히 적막하고 외롭다. 논에는 볏그루만 남아 휑뎅그렁하고 섬진강은 그렁그렁 잎 다 진 강변의 숲을 지나간다. 봄에는 꽃나들이를 즐기느라 차량의 행렬로 넘쳐났던 19번 국도에는 이따금 만나는 차량들만 찬바람을 실어나른다. 그러나 하동에서 겨울이면 더 바빠지는 마을이 있다. 적량면 고절리와 하동읍 신기리가 그렇다. 이 두 마을은 전국에서도 알아주는 짚신마을로 통한다. 짚신은 주로 농한기인 겨울에 삼기 때문에 두 마을에서는 겨울이 더 바쁜 것이다.

적량면 고절리에 이르자 마을은 여러 군데로 갈라진다. 안성마을과 남정마을, 강선마을과 고석마을. 모두 내로라하는 짚신마을들이다. 안성마을에는 모두 45가구가 있는데, 이들 가구 중 한두 가구를 빼고는 모두 짚신을 삼고 있다고 한다. 이웃마을인 남정마을 또한 별로 다르지 않아서 20여 가구 정도가 짚신을 삼고 있으며, 고석마을과 강선마을도 약 50여 가구 정도가 짚신을 삼는다고 한다. 안성마을 사람들은 제각기 집에서 짚신을 삼기도 하지만, 노인들은 대부분 마을회관에 모여 여럿이 함께 작업을 한다. 안성마을에서 본격적으로 짚신을 삼기 시작한 것은 약 20여 년 전부터이다. 처음 굿이나 상가집에 쓰이는 짚신을 만들어 팔기 시작한 것이 오늘에 이르렀다는 것이다.

물론 그 전이라고 해서 짚신을 삼지 않았던 것은 아니지만, 그때는 할아버지 할머니들이 사랑방에 모여 심심풀이 삼아 삼는 것이 고작이었다. "지금도 우리네 노인덜이야 노느니 하는 기지 뭐. 이게 돈벌이는 안 돼요. 부지런히 해야 스무 켤레, 보통 열다섯 켤레 정도 삼아요." 주정애 할머니(71)의 말씀이다. 할머니에 따르면 마을회관에서 짚신을 삼는 노인들은 아침 9시쯤 나와 저녁 5시까지 삼는다고 한다. 대부분 할머니들이고, 할아버지는 유일하게 박소성원 할아버지(85)가 나와 짚풀도구를 만든다. 박 할아버지는 오래전부터 이곳에서 짚신은 물론이고 맷방석과 소쿠리, 망태 등 짚으로 만드는 것이면 무엇이든 삼아왔다. "짚으로 하는 거는 다 비슷비슷해. 맷방석이 제일 만들기 쉬워. 이거는 반반하이 피놓구 하니까. 이게 이래 위가 올라가고 모양이 들어갔다 나왔다 하며는 힘들어요. 옛날에는 짚신도 마이 삼았는데, 지끔은

고절리 남정마을 마을회관에서 사람들이 여럿 모여 무려 2미터 50센티미터에 이르는 대형 짚신을 만들고 있다.

이런 거 망태나 맷방석 같은 거나 하지 뭐."

이렇게 마을에서 삼아놓은 짚신과 짚풀도구는 단골로 드나드는 짚신장수가 와서 사가거나 주문판매를 하고 있다. 보통 굿이나 상가집에서 쓰는 간편한 짚신은 한 죽에 5천 원 정도, 한 켤레에 5백 원 꼴이다. 남정마을에서 만난 짚신장수에 따르면 겨울이면 마을을 돌아다니며 짚신장수를 하는 사람이 15명 정도 된다고 한다. 그리고 마을에 드나드는 짚신장수는 겨우내 적게는 수십, 많게는 수백 둥치(한 둥치에 25죽이며, 한 죽에 10켤레이니 한 둥치는 2백50켤레가 된다)를 내기도 한단다. 하지만 짚신장수도 중국산 짚신과 북한산 짚신까지 들어오면서 설자리를 점점 잃어가는 중이다. 중국산이나 북한산은 한 켤레에 1백 원 이상씩이나 싸 가격경쟁에서는 하동산이 밀릴 수밖에 없다는 것이다.

도리뱅이 쳐놓은 짚신, 한 죽(열 켤레)을 한 꾸러미로 만들어놓는 것을 도리뱅이 친다고 한다.

남정마을에서는 가끔 행사용 짚신도 맞춤해 생산하고 있는데, 대부분 행사용 짚신은 대형으로 만들 때가 많다. 우리가 찾아갔을 때 남정마을 마을회관에서는 무려 2미터 50센티미터에 이르는 대형짚신을 열댓 명이 달라붙어 만들고 있었다. 봄에 있을 군 체육대회에 낼 짚신이라고 한다. 이건 숫제 짚신이 아니라 짚배라고 불러도 될 판이었다. 안성마을과 남정마을이 주로 마을회관에서 짚신을 삼는다면 강선마을과 고석마을에서는 집에서 따로 짚신을 삼는 집이 대부분이다. 물론 몇몇 집에서는 작업실이나 다름없는 사랑방을 정해놓고 한 집에 모여 짚신을 삼기도 한다. 고절리 여러 마을에서는 여럿이 모여 짚신을 삼는 풍경이 너무나 이제 굿판에 오르거나 장식용으로 변모해버린 짚신. 기껏해야 제대로 된 짚신은 사극이나 영화에서나 만날 뿐이다.

흔한 풍경이다.

하동에서 짚신마을로는 고절리와 이웃하고 있는 하동읍 신기리가 먼저 알려졌다. 처음 짚신을 삼기 시작한 시기도 이십 몇 년 전으로 고절리보다 몇 해 앞서 시작되었다. 신기리에는 모두 60여 가구 가운데 현재 20여 가구 정도가 짚신을 삼고 있다. 이곳에서도 주로 농사철을 피해 겨우내 짚신을 삼지만, 논밭이 별로 없는 영세민들은 농사철인 봄에도 짚신을 삼아 가욋돈을 번다. 마을에서 만난 전덕순 할머니(72)도 그런 이 가운데 한 분으로, 짚신을 삼은 지가 얼추 35년이 넘었다고 한다. "우리 딸이 올해 서른다섯인디, 딸 낳기 전에 삼았응게, 오래 됐지. 시아배 있을 때부텀 삼았으니." 그에 따르면 많이 삼는 사람은 하루 서너 죽을 삼는단다. 한 죽에 10켤레니, 하루 30~40켤레 정도 삼는다는 얘기다.

"아침밥 묵고 9시부터 저녁 8시까지는 삼아. 농사철에도 저녁 때 잠깐씩 삼고 그러지." 이렇게 삼아놓은 짚신은 고절리에서처럼 단골로 드나드는 짚신장수가 와서 사간다. 공한순 할머니(74)에 따르면 그가 아주 어렸을 때에도 이 동네에는 짚신장수가 여럿 드나들었다고 한다. "짚신장사들이 내가 이래 어려서도 있었거든. 해방 전만 해도 이 동네도 그렇고 다른 농촌에서도 저거 짚신 신고 일도 하고 나무 하러도 가고 그랬지." 전덕순 할머니와 공한순 할머니가 함께 짚신을 삼는 사랑방에는 이미 짚신 둥치가 잔뜩 쌓여 있었다.

보통 굿이나 상가집에서 쓰는 간편한 짚신은 한 죽에 5천 원 정도지만, 사극이나 실제로 신도록 만든 짚신은 한 죽에 1만 3천 원 정도로 값이 조금 나은 편이다. 신기리에서 유일하게 장식용이 아닌 실제로 신도록 짚신을 삼는 이는 문복선 씨(64)다. 그도 짚신을 삼은 지 30년이 넘었다고 한다. "이 동네에 옹게 다들 짚신을 삼아. 나두 동네 사람 허는 거 보고 어깨 너머로 배웠지 뭐. 다른 사람덜 허는 작은 거는 실렁실렁 헝께 많이썩 허는디. 요건 일단 콩게루 폴이 아파싸서 많이썩 못 해. 이 동네서 나 혼차만 이거 삼거등. 저 아래 작은 거는 굿할 때 상에 올리는디, 내가 헌 건 탈렌트덜 거식헐 때나 민속놀이 거식헐 때 많이 신어. 농사 짐서루 헝게루 이게 심이 들지. 농사도 없고, 거식한 사람덜이야 좀 낫지만서두."

짚신을 삼을 때는 우선 틀거리가 되는 새끼를 꼬아놓아야 한다. 이 새끼를 신틀에 걸어 뜨개질 하듯 짚으로 신 모양을 삼은 뒤, 앞축부터 삼아나간다. 이어 옆부분에 해당하는 신총을 내고, 계속해서 신바닥과 돌기총(신바닥과 갱기를 세로로 연결하는 부분)을 삼고, 뒤꼬마리(뒤축)를 앉힌 뒤, 신꼬랭이(신끈)를 꼬고, 갱기치기(감치기 과정, 앞갱기와 뒷갱기가 있다)를 하면 짚신이 완성된다.

하지만 여기서 끝나는 것이 아니다. 나막신처럼 생긴 나무토막(신골이라 하며, 골토막이라고도 한다)을 짚신에 넣어 골망치(나무망치)로 두드리는 신골 메우기 과정과 한 죽씩 도리뱅이(한 죽을 한 꾸러미씩 잡아매는 일)를 쳐야 완전히 끝나는 것이다. 그냥 삼아놓아 심심했던 짚신도 도리뱅이를 쳐놓으면 그야말로 아름다운 짚신 꾸러미로 변모한다.

30여 년 넘게 짚신을 삼아온 탓인지 문씨의 손바닥과 손가락은 여기저기 닳고 갈라터져 있다. "짚신 삼다 보면 어쩔 수 없어. 이래 손이 닳아지고 쪼개지고 그러지. 겨울이면 더 심해져서 손바닥이 이래 꺼칠허지." 그는 한창 짚신을 삼을 때면 한 달에 20일 정도는 짚신 삼기에 매달린다고 한다. 신기리에서 만난 다른 이들도 별로 다르지 않아서 겨울이면 사랑방에 들어앉아 오로지 짚신을 삼는 것이 일이다. 이제는 장식용으로 변모해버린 짚신. 기껏해야 사극이나 영화, 굿판에서나 만날 수 있는 짚신. 이렇게나마 하동에 짚신마을이 남아서 짚신문화의 명맥을 이어간다는 것이 여간 다행스런 일이 아니다.

 ## 아직도 짚풀문화를 지켜가는 짚풀마을들

짚신을 비롯해서 가마니, 멍석, 맷방석, 두트레방석, 따리, 삼태기, 씨오쟁이, 주루막 등 다양한 짚풀도구를 만드는 마을이 아직 우리나라 곳곳에 남아 있다. 전남 무안군 일로읍 산정리는 새끼줄마을로 알려져 있으며, 전남 화순군 북면 송단리는 복조리를 짜는 마을로, 경기 인천 강화군 교동 상용리는 왕골마을로, 전남 보성군 조성면 축내리 산정마을은 용문석마을로 알려져 있다. 또한 강원 영월군 서면 쌍용리는 짚풀도구를 만드는 짚풀마을로 알려져 있다. 이 밖에도 전북 무주군 안성면 공진리, 무주군 무풍면 원평리, 경북 포항시 기북면 성법리(짚풀민예전승마을), 경북 문경시 동로면 적성2리, 경북 청송군 청송읍 금곡동, 강원 홍천군 두촌면 철정리 북창마을, 강원 인제군 기린면 진동1리, 충남 아산군 송악면 외암리 등이 짚풀마을로 불리고 있다.

여행수첩

　대전-진주 간 고속도로를 타고 가다 진주에서 남해고속도로로 바꿔 탄 뒤, 하동 인터체인지로 빠져나와 다시 19번 국도를 타고 하동 쪽으로 올라간다. 하동읍 못 미쳐 오른쪽으로 꺾어 들어가면 신기리이고, 신기리에서 북쪽으로 올라가면 고절리 안성마을(문의 : 055-884-4908)이 나온다. 신기리 문복선 씨 055-883-4258, 고절리 김봉수 씨 055-884-5161, 짚신장수 055-884-4148. 개화식당 (은어회, 참게탕) 055-883-2061, 섬진각호텔(하동읍 광평리) 055-882-4343, 신라호텔(하동읍내) 055-884-4182, 수빈각(하동읍 화심리) 055-883-4440, 파크랜드(진교면 진교리) 055-883-1369.

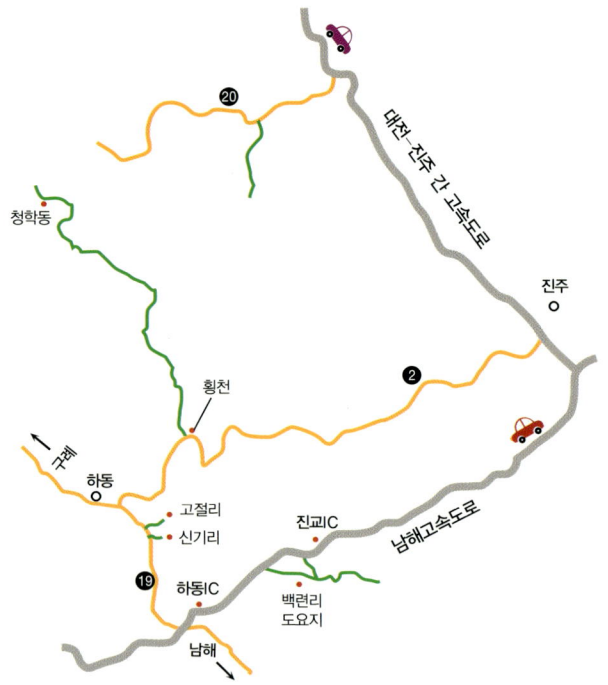

지리산 청학동과 백련리 도요지

하동군 청암면 묵계리(055-882-4137), 해발 8백 미터 지리산 중턱에 자리한 청학동은 한 폭의 그림과도 같은 아름다운 경치 속에 자리한 산골마을이다. 『정감록』에는 "지리산 남쪽 기슭의 청학동은 진주 서쪽 80리, 하동 북쪽 60리, 함양 남쪽 1백20리 되는 곳"에 있다고 하였다. 『신증동국여지승람』에도 "청학동은 지리산 속에 있는데, 진주에서 서쪽으로 1백47리의 거리이다"라고 적어 놓았다. 대개 옛날 속세를 피해 들어온 사람들이 살던 곳이어서 오지 가운데 오지라 할 수 있지만, 1980년대 이후 청학동은 문명을 받아들이기 시작했다. 물론 아직도 청학동 사람들은 한복을 입고 머리를 땋아 내리거나 상투를 틀어 올린다. 그러나 생활만은 우리와 다를 바 없는 집에서 텔레비전을 보고 자가용까지 굴리며 산다. 1970년대 말 전기가 마을에 들어오고 신문과 방송, 잡지에서 너도 나도 청학동을 소개하는 바람에 마을 전체가 관광지로 변하고 만 것이다. 관광지가 된 이상 마을까지 포장도로가 생겼음은 물론이다.

청학동에서 그리 멀지 않은 삼성궁에 가려면 묵계에서 청학동 쪽으로 오르다 왼편으로 꺾어 들어가면 된다. 궁 들머리에는 "함부로 무단출입하거나

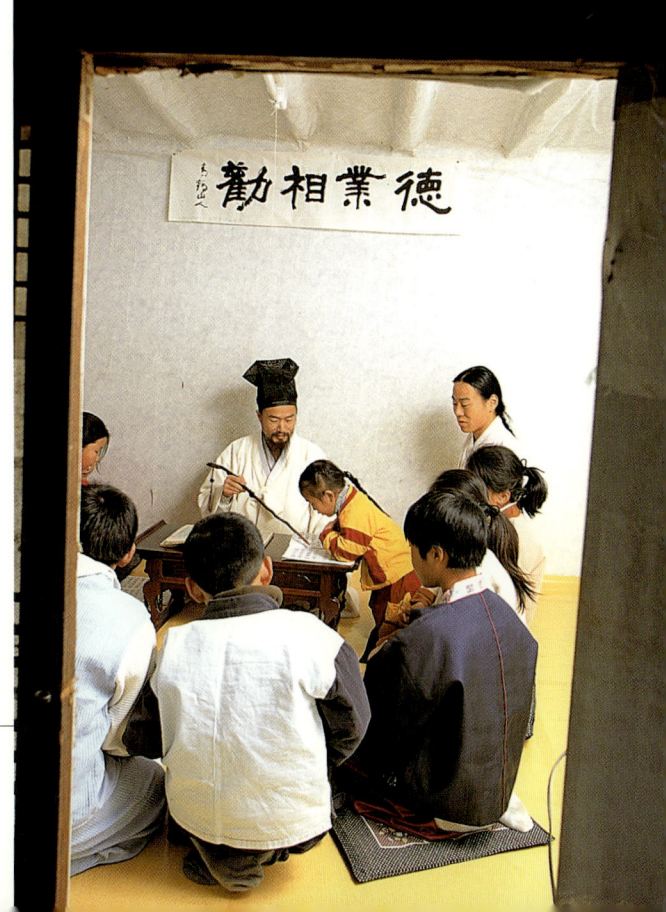

청학동 서당 풍경. 청학동 사람들은 아직도 한복을 입고 머리를 땋아 내리거나 상투를 틀어 올린다.

다른 구경

진교면 백련리에 가면 빛깔 고운 막사발을 만날 수가 있다.

음주, 흡연, 고성방가할 경우 3천3백 배의 징계에 처한다"는 안내문을 볼 수 있는데, 궁에 들어가려면 들머리에 있는 징을 세 번 쳐야 한다. 그러면 안내인이 내려와 도복을 건네주고 안내를 해준다. 이곳에는 수많은 돌탑과 솟대가 서 있으며, 앞으로도 솟대를 더 세워 3천3백 33개의 솟대를 채울 예정이라고 한다. 삼성궁에서는 해마다 음력 시월에 길일을 택해 제사를 올리는데, 이날은 북 두드리고 말 달리며 활을 쏘는 시범과 함께 관광객들에게 전통무예를 선보인다.

한편 진교면 백련리에 가면 빛 고운 막사발을 만날 수가 있다. 가야시대 때부터 진교면 백련리는 토기를 굽던 도요지였다고 한다. 고려 때는 고려청자를 구워냈고 조선시대에는 진주목 관하에 속했던 도기소로서 백자를 생산했으나, 15세기 말 어떤 까닭에서인지 폐허가 되고 말았다. 그러나 1974년 이곳의 도요지를 지방기념물로 지정하였고, 1980년대부터 몇몇 도자기 가마가 들어서 옛날 도자기와 막사발을 재현하고 있다. (현암도요 055-882-3720, 새밋골도요 055-882-9880, 기가락요 055-882-4080)

나라에서 가장 큰 재래식 숯가마촌

횡성 참숯마을 | 강원 횡성군 갑천면 포동리 고래골

포동리 고래골은 모두 12기의 재래식 숯가마를 갖추고 있어
나라에서 가장 큰 숯가마촌으로 불린다.

횡성군 갑천면 포동리 고래골. 땅 모양이 고래등을 닮았다는 밋밋한 고래고개를 넘어서자 산자락을 배경으로 흰 연기를 피워 올리는 숯가마가 눈에 들어온다. 코끝에 매캐하게 감겨오는 나무 타는 냄새. 산자락과 개울을 자욱하게 뒤덮은 연기. 연기 속으로 드문드문 솟아오른 굴뚝들. 자세히 보니 숯가마는 하나가 아니라 개울과 산자락을 타고 오르면서 연이어 펼쳐져 있다. 이른 시간임에도 숯가마에는 벌써 많은 일꾼들이 나와 백열등을 밝힌 채 새벽 숯일을 하고 있었다. 이곳의 운영 책임자인 최봉섭 씨에 따르면 고래골 숯가마는 모두 12기에 이른다고 한다.

숯가마는 포동리 고래골을 비롯해 영월의 덕구리, 원주 소천, 제천 박달재, 충주 월상, 장성 북이 등 전국에 분포해 있지만, 대부분 3~5기 안팎이어서 우리나라에 숯가마촌으로 불릴 만한 곳은 고래골밖엔 없다. 한마디로 고래골은 집으로 마을을 이루었다기보다는 숯가마로 마을을 이뤘다고 해도 지나친 말이 아니다. 특이한 점은 이렇게 몰린 12기의 숯가마 주인이 각기 다르다는 것이다. 그 중에는 두어 기의 숯가마를 거느린 주인도 있어서 모두 9명의 공장장이 있는 셈인데, 그 밑에 또 한두 명의 인부들이 있으니 숯가마 전체로 보면 20여 명 정도가 이곳에서 숯일을 하고 있는 셈이다.

물론 전체를 아우르는 운영 책임자가 있어 나무를 대주고 일괄적인 판매와 더불어 이익을 분배하는 노릇을 하고 있지만, 한 기의 가마를 운영하는 것은 순전히 주인의 몫이다.

고래골에 본격적으로 숯가마가 생겨난 것은 20여 년 전으로 거슬러 올라간다. 20여 년 전만 해도 산 위에 여기저기 숯가마가 흩어져 있었으나, 고래골의 지형이 사방 산으로 막혀 있어 바람이 들지 않기 때문에 숯막 위치로는 더없이 좋아 아예 이곳에 터를 잡아 정착하기 시작했다. 사실 바람이 너무 잘 통하면 가마불을

새벽 5시쯤 숯을 꺼내고 있는 횡성 포동리 고래골 숯가마 풍경.

조절하기가 힘들어 숯막 위치로는 적당하지 않다고 한다. 물론 그 전에는 이곳의 숯장이들도 대부분 산판(벌목)을 옮겨다니면서 떠돌이 숯가마를 했다. 횡성뿐만이 아니라 전국의 숯가마는 과거 산판을 따라 이동하는 이동용 간이 숯막이었다. 그러다 목재를 운반할 차량이 생겨나고 길이 좋아지면서 한곳에 정착하게 되었다.

당시 숯장이들에게 원목을 대주는 목상이었던 최홍원 씨가 바로 고래골에 숯가마를 짓고 정착시킨 장본인이다. 이곳의 운영 책임자인 최봉섭 씨는 그의 아들로서 가업을 잇고 있는 셈이다. 현재 공장장으로 있는 서석구 씨도 고래골 20년 숯가마 역사의 산증인이다. 처음 고래골에 숯가마가 들어설 때부터 그는 최홍원 씨를 도와 이곳에서 숯가마를 돌보는 숯장이 노릇을 했다. 그의 젊은 아들인 최정원 씨 역시 지금은 고래골에서 숯장이로 살아가고 있다. 아버지의 뒤를 이어 고래골 숯가마를 운영하고 있는 최봉섭 씨에 따르면, 정착한 숯가마로서는 고래골 숯가마가 가장 오래된 가마라고 한다. 물론 오래된 만큼 이곳의 숯가마는 모두 재래식이다.

그가 밝힌 전통 가마와 개량 가마의 가장 커다란 차이는 불구멍(아궁이)에 있다. 재래식 가마는 앞에서 불을 때고 개량 가마는 옆에서 불을 땐다는 것이다. 가마의 지붕을 돔 형식으로 둥글게 만든 뒤 철심을

발갛게 달아오른 숯덩이. 나무 모양이 흐트러지지 않아야 질 좋은 숯이 된다.

박아 고정시킨 것도 재래식 가마의 특징이다. 보통 숯가마는 진흙과 돌을 섞어 만드는데, 특이한 점은 굴뚝이 가마의 아랫부분에 자리하고 있다는 것이다. 이는 가마 내부의 온도를 균일하게 유지하기 위함이다. 이곳에 있는 숯가마의 내부 온도는 섭씨 1천3백~1천5백 도 정도. 기온이나 기압에 따라 완전한 숯이 되는 시기가 달라질 수 있는데, 보통 불을 지핀 지 5~6일 만에 숯을 꺼낸다.

숯을 꺼낼 때는 가마 하나에 보통 6~12시간의 시간이 걸리며, 꺼낸 숯은 재를 덮어 하루 정도 식혔다가 골라낸다. "밤 12시부터 시작하면 낮 12시에 끝나. 불가마 속은 뜨겁고, 그래도 어떡해. 안에 있는 것은 다 꺼내야지. 꺼낼 때 되면 가마 속 온도가 1천7백 도까지 올라가요. 가마에 나무 재우는 것보다 꺼내는 것이 훨씬 심들어." 숯장이 김상열 씨(56)에 따르면 한 달이면 보통 네 번

숯을 꺼낼 때는 가마 아랫문을 드러낸 뒤, 길다란 쇠갈고리로 꺼낸다.

김상열 씨네 숯가마에서 그의 부인이 숯을 나르고 나서 재를 덮고 있다.

숯 고르기는 하루 이틀 잿더미 속에 숯을 묻어 식힌 뒤에 한다.

정도 숯을 꺼낸다고 한다. 때마침 우리가 찾아간 날은 4호 가마에서 숯을 꺼내는 날이어서 운 좋게 우리는 오후 들어 숯 꺼내는 작업을 볼 수 있었다. 가마 아랫문을 드러내자 벌겋게 달아오른 숯덩이가 그 모습을 드러냈다. 숯장이는 길다란 쇠부지깽이로 가마 안에 있는 숯을 끄집어내고, 옆에서 또 다른 인부가 커다란 부삽으로 숯을 날라 잿더미 위에 쌓았다. 시간이 지날수록 둘은 녹초가 되었지만, 잿더미 속에선 잘 익은 숯이 김을 뿜어내고 있었다.

고래골에서는 한 기의 숯가마에 1톤의 나무를 집어넣었을 경우 약 1백 킬로그램의 숯을 얻는다고 한다. 일부는 목초액으로 남지만, 대부분은 연기와 재로 날아가는 셈이다. 이렇게 숯을 다 꺼낸 가마는 찜질방으로 활용하는데, 숯막 찜질이 신경통, 피부병, 견통, 산후통에 좋은 것으로 알려지면서 요즘에는 평일에도 하루 수십 명씩 고래골 숯가마를 찾고 있다. 고래골에서 내는 숯은 1백 퍼센트 참숯으로, 모두 질이 좋은 백탄이다. 과거에는 떡갈나무, 물푸레나무, 박달나무로도 숯을 냈지만, 경제성이 없어 지금은 오로지 참숯에만 매달린다. 이곳에서 낸 참숯은 주로 고깃집으로 많이 나가며, 중국산 숯에 비해 불을 피우면 튀지 않는 것이 특징이다.

숯 만드는 과정은, 우선 질 좋은 나무를 구입해 가마 안에 차곡 차곡 거꾸로 쌓고 가마 문을 닫아 밀봉시킨 뒤, 가마에 불을 때는 것으로 시작된다. 하루 정도 불을 때고 나면 가마 안에서 나무가 자체 발화를 시작하는데, 이때 공기구멍을 통해 바람 조정을 잘 해야 한다. 이렇게 탄화의 과정을 6~7일 정도 거치고 나서 숯을 꺼내 하루 정도 식히면 완전한 숯이 완성된다. 보통 숯을 꺼낼 때 보면 질 좋은 숯은 가마의 앞부분보다는 뒷부분에서 많이 나오는데, 이는 가마 앞부분에 있는 공기 구멍 때문이라고 한다. 아무래도 바깥 공기와 많이 맞닿는 부분의 숯이 질이 떨어질 수밖에 없다. 모름지기 숯을 구워내는 일은 한마디로 정성이다. 숯이란 게 서둘러서 될 일이 아니다.

사실상 현대에 와서 숯이 지닌 다양한 효능은 속속들이 밝혀지고 있다. 습도 조절, 전자파 흡수, 공기 정화, 토양 개량 등은 이미 밝혀진 사실들이다. 그럼에도 숯에 대한 일반인의 관심은 그저 그런 땔감으로만 여길 때가 많다. 일반적으로 숯은 굽는 방법에

잿더미 속에서 골라낸 숯. 겉이 약간 희끗희끗하다고 백탄이라고 한다.

숯장이 정주양 씨가 숯막에 백열등을 켜고 있다.

따라 백탄과 검탄으로 나뉘는데, 쉽게 말해 검탄은 저온에서 만들어진 숯이고, 백탄은 고온에서 만들어진 숯을 가리킨다. 검탄이 불이 다 꺼진 상태에서 검은 상태로 꺼내는 반면, 백탄은 발화가 끝나 발갛게 된 상태로 꺼낸다. 또 과학적으로는 검탄에 휘발성이 많고, 백탄은 전도성이 좋은 것으로 알려져 있다. 성질은 검탄이 산성에 가까운 반면 백탄은 알칼리성에 가깝다. 또한 강도에 있어서도 백탄은 두드리면 쇳소리가 날 정도로 검탄에 비해 강하다. 그런 이유로 백탄의 이용 가치가 더 높은 것으로 알려져 있다.

숯은 우리가 알고 있는 것 이상으로 그 쓰임새가 다양하다. 숯불용은 기본이고, 탈취제, 숯비누, 숯팩, 축포 및 폭약, 숯장판으로 사용되기도 한다. 과거 미국에서는 스텔스 기를 만들 때 일본에서 엄청난 양의 백탄을 가져갔다고 한다. 이는 백탄이 전자파를 흡수한다는 연구 결과와 무관하지 않다. 중국에서는 1972년 하남성 장사시 마왕퇴 고분에서 2천1백 년 전의 미이라가 발굴되었는데, 특이하게 이 미이라의 주인공은 마치 4일 전에 죽은 것처럼 말짱했다고 하며, 장에는 기생충과 함께 150여 개에 이르는 오이씨가 발견되었다고 한다. 더욱 특이한 점은 그 오이씨를 심자 놀랍게도 대부분 싹이 났다는 것이다. 알고 보니 무덤 주변에 약 5톤 정도의 숯이 쌓여 있었다고 한다. 이쯤 되면 숯이 그냥 단순한 '연료'만은 아니라는 것을 알았을 것이다.

숯을 구울 때 가마에서 나오는 연기를 잡아 만드는 목초액 또한 그 효능이 속속 밝혀지고 있다. 최근 밝혀진 바에 따르면 목초액은 당뇨와 혈압, 항암효과가 있어 음료와 제약용으로 그 쓰임이 폭넓을 것으로 밝혀졌다. 실제로 몇몇 곳에서는 이미 음료로 이용하고 있으며, 농약이나 비료 대신 목초액을 뿌려 콩나물 재배에 이용되기도 한다. 목초액에 살충력이나 살균력이 있다기보다는 목초액의 성분이 식물의 내성을 길러주므로 목초액을 뿌린 곡식이나 채소는 씨알이 굵고 병도 안 생기며, 과일에 목초액을 치면 당도도 훨씬 높아진다고 한다. 비료와 농약이 '땅심'을 빼앗아가는 부작용이 있는 반면, 목초액은 '땅심'을 오히려 북돋아주는 효과가 있다는 것이다.

완제품 참숯. 참숯은 숯 중에 최고로 치는 숯이다.

 여행수첩

　횡성 참숯마을 포동리 고래골에 가려면 영동고속도로를 타고 가다 새말 인터체인지로 나와 북쪽으로 길(6번 국도)을 잡아 정금까지 간다. 정금에서 다시 좌측으로 난 포동까지 가는 도로를 타고 가다 보면 중간쯤에 흰 연기를 피워올리는 숯가마가 나온다. 서울 상봉터미널에서 40분 간격(2시간)으로 버스가 있다. 잠잘 곳과 먹을 곳은 숯가마 옆에 있는 콘도형 황토민박(033-342-4508)에서 해결하면 된다. 강원참숯 033-342-4508. 숯가마촌에서는 숯을 꺼내고 난 가마를 찜질가마로 운영하는데, 평일에는 1~2기, 주말이나 휴일에는 2기의 찜질가마를 운영한다. 찜질방에 들어갈 때는 면으로 된 옷을 입고 들어가야 하며, 만일 나일론 옷을 입고 들어가면 옷이 눌어버리며, 냄새가 난다. 찜질은 4분 정도 있다가 나옴을 반복하는 것이 좋고, 찜질 후 곧바로 샤워나 목욕을 하면 효과가 반감된다. 포동리 민박 033-344-1993, 033-342-4508.

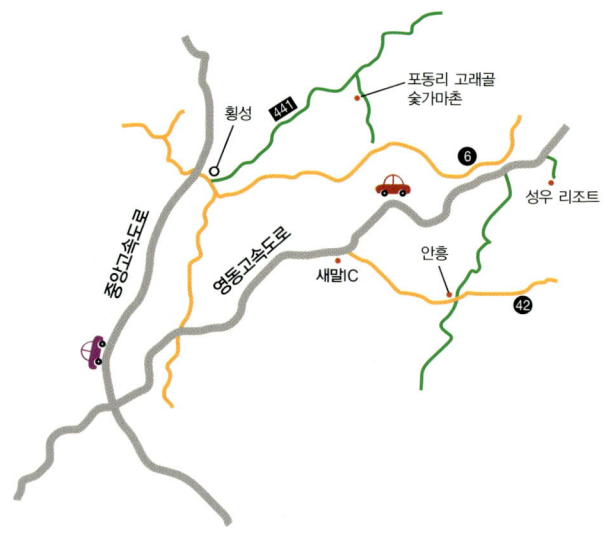

안흥 찐빵마을과 성우 리조트

영동고속도로 새말 나들목을 나와 42번 국도를 타고 평창 방면으로 달리다 보면 안흥 찐빵마을을 만날 수 있다. 30여 년의 역사를 자랑하는 안흥찐빵은 이제 횡성의 대표적인 먹거리로 자리를 잡았다. 예부터 안흥찐빵은 빵을 부풀리는 데 쓰이는 이스트를 쓰지 않으며 막걸리로 반죽을 발효시켜 오래 두고 먹어도 쉽게 굳지가 않고, 다시 쪄먹더라도 말랑말랑한 빵맛을 유지시켜준다. 안에 들어가는 단팥 또한 인공 감미료를 쓰지 않는 대신 대여섯 시간 동안 푹 삶아 너무 달지 않으면서도 혀끝에 감칠맛이 느껴진다.

안흥찐빵을 만들 때는 우선 질 좋은 국산 팥을 선별해 깨끗이 씻은 다음 5시간 이상 푹 삶아 팥소를 준비해 둔다. 빵 반죽은 밀가루에 막걸리와 계란을 넣어 반죽한 뒤 숙성을 시키며, 숙성된 반죽으로 빵을 빚어 팥소를 넣은 뒤, 한 번 더 숙성 과정을 거친다. 이렇게 두 번 숙성시킨 빵을 가마솥에 넣고 15~20여 분 동안 쪄내면 쫄깃하고 따끈한 안흥찐빵이 완성되는 것이다. 마을(안흥찐빵 마을협의회 033-342-0063)에서는 50개 1박스에 1만 2천 원에 판매하고 있으며, 택배(택배료 4천 원)로도 부쳐준다.

영동고속도로 둔내 나들목으로 빠져나와 방림 쪽으로 가다보면 스키장으로 유명한 성우 리조트가 있다. 1995년에 처음 개장한 성우 리조트(033-340-3000, 숙박시설 : 콘도 767실, 유스호스텔 86실)는 서울에서 2시간이면 갈 수 있는 근거리에 위치한 탓에 겨울이면 늘 스키어들로 붐빈다. 리조트가 자리한 곳은 연중 적설량이 많아 겨

30여 년의 역사를 자랑하는 안흥찐빵은 이제 횡성의 대표적인 먹거리로 자리잡았다.

성우 리조트는 서울에서 2시간이면 갈 수 있는 근거리에 위치한 탓에 겨울이면 늘 스키어들로 붐빈다.

우내 스키를 즐길 수 있는 장점이 있으며, 1시간에 2만여 명을 슬로프 정상까지 이동시킬 수 있는 곤돌라를 갖추고 있다. 슬로프는 일반적인 초중급자 코스 외에도 밭고랑처럼 생긴 파도타기 식 웨이브 코스와 모글 코스를 마련해 놓고 있으며, 모든 슬로프에 스노보드를 완전 개방하고 있다.

덕마다 황태 걸고 하늘과 동업하는 마을
진부령 황태마을 | 강원 인제군 북면 용대리

용대리는 날씨가 춥고 바람이 잘 통하며 눈도 옴팡지게 많이 내려
황태덕장 자리로는 최적지로 손꼽힌다.

한 번쯤 겨울에 미시령이나 진부령을 넘어본 사람이라면 백담사 입구부터 계곡을 따라 즐비하게 늘어선 황태덕장을 본 일이 있을 것이다. 이곳이 바로 황태마을로 불리는 인제군 북면 용대리. 용대리 덕장에는 요즘 덕마다 살이 통통한 황태가 찬바람 속에 노릇노릇 익어가고 있다. 마치 그 모습은 입을 쩍쩍 벌린 채 하늘을 보고 아아아, 단체로 하품하는 것만 같다. 사실 이 황태라는 녀석은 그 이름에서도 알 수 있듯 노랑태, 즉 속살이 노랗고 보송보송하게 마른다고 붙여진 이름이다.

본래 명태를 덕에 걸어 눈보라와 찬바람 속에서 얼었다 녹았다

이영례 씨가 운영하는 황태덕장에 속초에서 가져온 물명태가 잔뜩 쌓여 있다.

를 반복하며 서너 달은 족히 말려야 황태(더덕북어라고도 함)라는 이름을 얻게 되는데, 이런 수고로움 때문에 황태는 늘 명태 족속의 황태자로 불려져 왔다. 사실 명태만큼 가지각색의 명찰을 달고 나온 물고기도 드물다. 생물학적으로 대구과에 속하는 명태는 바싹 말려 제상에 올리거나 속풀이 해장용으로 쓰이는 것을 북어(건태), 새끼 명태를 바싹 말려서 구이용 술안주로 내놓는 것은 노가리, 꼬들꼬들 말려서 씹히는 맛이 일품인 코다리, 꽁꽁 얼렸다 찌개용으로 넘기는 놈은 동태(동명태), 갓 잡아올린 싱싱한 물명태는 생태라 불린다. 이 명태란 놈은 쓰임도 많아서 속내장은 소금에 절여 창란젓이 되고 내장의 알은 명란젓이 된다. 한 족

속이 이렇게 국이나 찌개, 포와 구이는 물론 젓갈까지 통반장 다 해먹는 생선은 아마 명태가 유일할 것이다.

그 쓸 데 많은 명태도 요즘은 우리나라 바다에서 구경하기가 만만치 않다고 한다. 몇 년 전까지만 해도 명태는 겨우내 동해 인근에서 잡아 평창 대관령에 있는 횡계리 덕장과 진부령에 있는 용대리 덕장으로 옮겨졌지만, 요즘은 어업협정으로 어부들이 명태어장을 잃어 대부분 원양어선에서 잡아온 것을 쓴다고 한다. 그것도 물량이 달려 수입산으로 대체하는 경우도 있다고 하니, 명태 구경하기가 이렇게 힘들어서야 황태 구경하기는 더 힘들 것이 뻔한 일이다.

용대리 들머리에서 덕장을 운영하는 이영례 씨(69)에 따르면 이곳 덕장에서는 거개가 거진항에서 할복(배따기)을 해온다고 한다. "부산으로 물명태가 들어오면, 그걸 싣고 거진에 와 할복을 해가지고 여기 진부령에 와서 씻어 말리는 거죠. 하루에 많을 때는 차로 열 대 분량이 올 때도 있고, 적게는 넉 대가 올 때도 있고 그래요." 거진 할복장에서 일단 내장을 드러내고 깨끗이 씻은 명태는 두 마리씩 코가 꿰여 이곳 덕장으로 옮겨져 한 번 더 차고 맑은 지하수 물로 목욕재계하고 덕에 걸린다. "할복장에서 씻었다고 해도 물로 한 번 더 씻어야 얼어서 오그라진 것도 펴지고, 깨끗해지죠."

황태를 덕에 걸고 있다. 운반해온 물명태가 많을 경우 저녁 늦게까지 불을 켜놓고 작업할 때도 있지만, 요즘에는 물명태가 부족한 상태다.

황태마을로 불리는 인제군 북면 용대리는 가는 곳마다 황태덕장이다.

한창 명태를 덕에 걸 때면 아침 7시부터 시작한 작업이 저녁 늦게까지 불을 켜놓은 채 계속되기도 하지만, 보통 오후 5시면 끝이 난다. 이영례 씨에 따르면 황태덕장 자리로는 용대리만큼 좋은 곳이 없다고 한다. 우선 날씨가 춥고 바람이 잘 통하는데다 눈도 옴팡지게 많이 내리기 때문이란다. "황태는 추워서 벌벌 떨 정도의 날씨가 되어야 좋은 품질이 나와요." 일반적으로 황태는 밤 평균기온이 영하 10도 이하로 석 달 이상은 계속되어야 때깔 좋고 육질 좋은 노랑태가 된다고 한다. 그렇다고 마냥 춥기만 해서도 안 되며 낮에는 햇빛이 잘 들어 속살이 녹고, 밤에는 다시 얼어 살이 부푸는 과정을 수없이 반복해야 제대로 된 노랑태가 나온다는 것이다.

용대리에서는 황태덕장 일이 보통 11월 말부터 시작된다. 일이 시작되면 우선 소나무로 말뚝을 세우고 덕을 짜 올리는데, 각각 윗덕과 아랫덕을 만들어 위 아래로 명태를 걸 수 있도록 만든다. 이렇게 세워진 덕에다 이제 깨끗이 씻은 명태를 죽 내걸면 얼었다 녹았다를 반복하며 3~4월쯤 노랑태로 거듭나 관태작업(잘 마른 황태를 싸릿가지에 꿰는 일)에 들어가게 된다. 황태 요리를 전문으로 하는 진부령식당 주인 이민희 씨(42)에 따르면 겨우내 눈이 무릎까지 쌓일 정도로 숱하게 내려야 질 좋은 황태가 난다고 하는데, 이유인즉슨 이렇다.

"눈이 오면 딱 벌린 아궁치로 눈이 들어가 속에서 눈(雪)물이 얼었다 녹았다 해야 살이 통통해지고 모양이나 색깔도 좋게 나요." 하지만 덕에 내걸린 명태(동지 때 잡은 동지태가 태깔과 맛이 가장 좋다고 한다)가 모두 질 좋은 노랑태가 되는 것은 아니다. 이상기온으로 날씨가 따뜻해버리면 너무 말라 겉과 속이 거뭇거뭇 먹태가 되고, 속이 골병 들면 골골한 골태가 되고, 녀석을 잘못 다뤄 몸이 망가지면 몸 버린 파태가 돼버린다. 이는 어느 정도 사람의 정성과 관리도 문제가 되지만, 전적으로 하늘에 달려 있는 셈이다. "이 덕장 일이란 게 말이오. 하늘과 동업하는 일이요." 30여 년 동안 진부령에서 덕장 일을 했다는 이수홍 노인(70)의 말이다. 이수홍 노인은 초창기 진부령에 황태덕장을 처음으로 시작한 덕장지기 중 한 사람이다. 그의 말처럼 덕장 일이란 게 동업자인 하늘이 시샘을 부리면 사람의 힘으로는 어찌할 도리가 없는 것이다.

황태덕장이 남한에 첫선을 보인 곳은 대관령 횡계 지역이 먼저다. 본래는 덕에 말려서 먹는 황태라는 것이 함경도 원산의 특산물이었으나,

무릎까지 푹푹 빠지는 눈밭을 걸어 이수홍 노인이 황태를 옮기고 있다. 눈이 사태가 나야 황태는 풍년이 된다.

진부령식당 이민희 씨가 조리해 내놓은 황태구이.

한국전쟁 이후 원산에서 피난을 온 사람들이 강원도에 정을 붙이고 살면서 원산과 환경이 비슷한 대관령 횡계에 덕장을 세운 것(1950년대)이 진부령 용대리로 건너왔고(1960년대), 오늘에 이르게 된 것이다. 하여 지금 용대리는 약 20만 평에 30여 개의 황태덕장이 들어서 국내 황태 생산량의 70퍼센트 이상을 내는 고장이 되었다. 사실 용대리에 가본 사람은 보았겠지만, 겨울철 용대리 주변은 대부분 황태덕장이라고 보면 된다. 미시령과 한계령이 갈라지는 한계리부터 용대리를 지나 진부령 7부 능선까지 이어진 46번 국도를 따라 덕장은 내내 계속된다.

덕장과 덕장 사이에는 황태 요리를 전문으로 하는 식당들도 즐비하게 늘어서 있다. 추운 해일수록 그 맛이 더하다는 황태로는 국이나 찜, 구이, 튀김, 전골, 무침, 강정까지 다양한 요리를 만들 수 있는데, 무엇보다 구수하고 시원하며 쫄깃하게 씹히는 맛이 일품이다. 특히 황태구이는 사람들이 가장 많이 찾는 인기 요리다. "황태구이는요, 이 황태를 가져다 우선 물을 축여 한 시간 정도 놔뒀다가 어느 정도 부풀면 두드려서 껍질을 벗기고, 뼈를 다 발라내고, 머리 꽁지 다 떼고 나서 고추장 양념을 골고루 발라가지고 한 시간 정도 재두었다가 프라이팬에 콩기름 약간 둘러 살짝 구워내면 맛이 부드럽고 고소한 황태구이가 됩니다. 이걸 먹을 때 양파를 곁들여 먹으면 더 맛있어요."

황태 속살은 우리 인체에 좋은 효능을 풍부하게 지니고 있는데, 특히 간장해독과 숙취제거에

좋다고 한다. 뿐만 아니라 이민희 씨(진부령 식당)에 따르면, 황태를 먹고 나면 나쁜 노폐물이 빠져나가는 효능도 있다고 한다. "뭐 풍에도 좋고, 혈압과 당뇨, 연탄가스 중독에도 좋다고 해요. 특히 산모들 미역국 끓여 먹을 때 넣어 먹으면 맛이 그만이죠." 사실 황태는 다른 생선에 비해 지방이 적어(2퍼센트 이내) 콜레스테롤이 거의 없는 데다 간을 보호해 주는 메티오닌과 같은 아미노산이 많이 들어 있다. 따라서 황태를 먹게 되면 신체의 신진대사가 활발해지고, 머리가 맑아진다. 다만 아쉬운 것은 최근 원양으로 잡는 명태의 물량이 적어 값이 비싼데다, 품질이 떨어지는 중국산마저 질 좋은 '노랑태'의 자리를 위협하고 있다는 것이다. 그 바람에 요즘에는 11월에 걸어야 할 명태를 1월이 다 되어서야 덕에 거는 일도 종종 벌어지고 있다. 뿐만 아니라 아예 명태를 구하지 못해 빈 덕으로 겨울을 나는 덕장도 있으니, 이래저래 하늘과의 동업이 쉽지 않은 모양이다.

이수홍 노인이 덕장지기로 있는 황태덕장은 초창기 진부령에 처음 세운 덕장이기도 하다.

 여행수첩

　인제 땅 진부령에 있는 용대리 황태덕장에 가려면 서울에서 44번 국도를 타고 양평과 홍천을 거치면 된다. 황태덕장이 몰려 있는 용대리는 인제에서 원통을 지나 미시령과 진부령 가는 방향으로 가다보면 백담사 입구가 나오는데, 거기서부터 덕장을 만날 수 있다. 인제에서는 황태요리를 맛볼 수 있는 식당이 30여 곳에 이르며, 소양호 인근에서는 빙어회나 빙어튀김이 제철이다. 해마다 겨울 끝물에 열리는 황태축제에서는 덕장 짓기와 황태 걸기, 황태포 뜨기 행사도 열려 일반인이 직접 참여할 수도 있다. 문의 : 진부령식당 033-462-1877, 내설악전통식품(이영례) 033-462-5906. 가는 길에 인제 읍내에서 만날 수 있는 일미장(033-461-1396, 2396)은 40년 전통의 한우갈비 전문점으로 인제에서 가장 알아주는 맛집으로 통한다.

빙어축제 열리는 소양호와 눈 덮인 백담사

다른 구경

44번 국도를 달려 신남을 지나 소양호에 이르면 두꺼운 얼음으로 덮인 호수가 드넓은 분지처럼 펼쳐진다. 이곳의 빙판에서는 해마다 1월에 빙어축제가 열리는데, 겨울철 소양호는 무려 3백만 평의 빙판이 두껍게 형성돼 천연의 축제마당을 제공해준다. 오래 전부터 소양호는 빙어 서식처로 알려져왔고, 겨울이면 수많은 빙어 낚시꾼들이 몰려들던 곳이기도 하다. 소양호 지역은 설악산에서 흘러내리는 북천과 방태산에서 흘러온 내린천이 합수되어 만들어진 우리 땅 최대의 청정호수 가운데 하나로, 차고 맑은 빙어가 살기에는 더없이 좋은 천혜의 조건을 가지고 있다. '빙어(氷漁)'는 섭씨 5도 이하에 서식하는 한대성 담수어이기 때문에 붙여진 이름이다. 내장이 없으므로 일명 공어(空漁)라고도 불리며, 지역에 따라 방어, 뱅어, 병어라고도 불린다. 본새는 피라미처럼 생겼으나, 내장이 없어 미꾸라지나 뱀장어처럼 배를 따지 않고 곧바로 요리할 수 있는데, 독특한 진미가 일품이라 할 수 있다.

해마다 1월에 열리는 빙어축제는 단순히 빙어를 잡고, 빙어 음식을 시식하는 축제에만 그치지 않는다. 빙어낚시대회는 물론 풍어를 기원하는 풍어제, 스노우 랠리라 불리는 4륜 자동차의 눈길 달리기, 스노우 산악자전거대회, 얼음축구대회, 얼음조각 체험과 눈썰매 타기를 비롯

소양호 빙판에서는 해마다 1월에 빙어축제가 열리는데, 겨울철 소양호는 무려 3백만 평의 빙판이 두껍게 형성되어 천연의 축제마당을 제공해준다.

용대리에서 10리쯤 들어간 곳에 위치하고 있는 백담사는 겨울 설경이 아름다운 곳이다.

해 윷놀이, 제기차기, 팽이치기, 널뛰기 등의 민속놀이도 열리며, 직접 참가자들이 놀이를 즐길 수가 있다. 뿐만 아니라 참가자들은 빙어회와 빙어튀김, 빙어무침 등의 빙어요리를 비롯해 촌두부와 황태, 막국수 등 인제 땅의 맛깔 난 향토음식도 맛볼 수 있다. 빙어요리 가운데 으뜸은 역시 빙어회라고 보는데, 빙어는 속이 비어 물에서 잡아올린 뒤 곧바로 초장을 찍어 먹어도 탈이 없다. 빙어회를 한번 먹어본 사람은 좀처럼 그 맛을 잊지 못하는데, 약간 쌉싸름하면서도 담백한 맛이 그야말로 '끝내주는' 맛이다. 오래 씹다 보면 마치 갓 따낸 오이를 씹어먹는 듯 신선한 오이 냄새가 나는 것도 빙어맛의 특징이다.

한편 황태덕장이 있는 용대리에서는 백담사가 가장 가까이 있는 명소다. 용대리에서 10리쯤 들어간 곳에 자리한 백담사는 만해 한용운이 「님의 침묵」을 쓴 곳으로도 유명한데, 과거 한용운은 백담사 화엄실에서 「님의 침묵」과 더불어 『불교유신론』을 썼다. 이를 기려 백담사에는 1991년 만해 시비가 세워졌으며, 유물전시관에는 그의 시를 실은 많은 시집과 유물도 전시해놓고 있다. 주변 산세와 풍경이 아름다운 백담사는 특히 겨울 풍경이 제격이다. 눈이 내리면 구불구불 펼쳐진 백담 계곡의 푸짐한 눈을 그득그득 눈에 담아올 수 있기 때문이다. 더불어 백담사를 둘러싼 나무들이 피워내는 다양한 눈꽃도 눈이 시릴 정도로 아름답다.

바닷가에서 만나는 오징어 덕장, 과메기 덕장마을

다른 마을

　한겨울 동해안은 한밤중이 되면 오징어잡이 배들로 불야성을 이룬다. 오징어 덕장은 동해안이면 어디서나 만날 수 있지만, 아름다운 해안을 덤으로 끌어안은 곳이 영덕의 강구항과 삼척의 용화, 장호항 등이다. 먼 뱃길을 따라가야 하는 울릉도의 도동과 저동도 해안 절경을 배경으로 오징어 덕장이 들어서 있어 이래저래 덕장 구경과 해안 나들이를 동시에 할 수 있는 곳이다. 영덕의 강구항은 드라마 촬영지로도 유명한데, 이곳의 낭만적인 분위기를 더하는 것이 바로 오징어 덕장이다. 오징어가 제철인 가을부터 겨울까지 강구항 주변은 온통 오징어 냄새가 진동한다. 특히 요즘에는 피데기 오징어를 생산하는 덕장도 늘어나고 있다. 피데기 오징어는 마른 오징어와 달리 약 70퍼센트 정도만 건조한 것으

울릉도에는 도동과 저동의 해변에 오징어 덕장이 즐비하게 늘어서 있는데, 바람이 많고 해가 잘 들어 오징어 덕장이 들어서기에는 울릉도만한 적지가 없다.

로, 마른 오징어에 비해 육질이 연하고 맛 또한 훨씬 고소하고 부드럽다. 덕장에서 직접 피데기 오징어를 구워먹는 맛도 일품이다.

삼척의 장호와 용화도 강구항만큼이나 아름다운 곳이다. 본래 동해안에서 가장 깨끗한 해수욕장으로 알려진 곳인데, 이 깨끗한 해수욕장을 배경으로 그리 크지 않은 덕장들이 드문드문 자리하고 있다. 무엇보다 다른 지역에 비해 조용하고, 많이 알려지지 않아서 조용한 나들이를 원하는 사람들이 찾기에는 딱 좋은 곳이다. 또 오징어 하면 빼놓을 수 없는 곳이 바로 울릉도이다. 울릉도에는 이맘때쯤 도동과 저동의 해변에 오징어 덕장이 즐비하게 늘어서 있는데, 바람이 많고 해가 잘 들어 오징어 덕장이 들어서기에는 울릉도만한 적지가 없다고 한다. 울릉도 오징어를 으뜸으로 치는 것도 바로 이 울릉도의 독특한 기후 때문이다.

한편 한반도에서 가장 먼저 해돋이를 볼 수 있는 포항의 호미곶에 자리한 구룡포는 과메기 산지로 널리 알려져 있다. 구룡포에는 요즈음 한창 과메기가 야들야들 익어가고 있는 중이다. 과메기란 동해에서 갓 잡은 신선한 꽁치를 섭씨 영하 10도의 냉동 상태로 두었다가 한겨울에 바닷가에 내다 걸어 얼었다 녹았다를 거듭하여 말린 것으로, 옛날 궁중의 진상으로 올렸을 만큼 맛과 영양

영덕의 강구항은 드라마 촬영지로도 유명한데, 이곳의 낭만적인 분위기를 더하는 것이 바로 오징어 덕장이다.

이 풍부한 식품이다. 본래 과메기라는 말은 청어를 말려서 만들었다는 뜻인 '관목'에서 유래했는데, '목'이 이 지방 사투리로 '메기'여서 '관메기'라 하던 것이 오늘날 '과메기'로 굳어진 것이다. 오늘날에는 청어보다 꽁치가 흔하므로 대체로 청어 대신 꽁치를 말려 만든다. 한겨울 방 안에 둘러앉아 생미역에 둘둘 과메기를 말아 초고추장에 푹 찍어먹는 맛이 일품인지라 과거 포항 사람들만이 즐기던 것이 이제는 많은 사람들이 즐겨 찾는 명물이 되었다. 이렇듯 과메기가 알려지다 보니 구룡포항 주변에 과메기를 말리는 덕장도 점점 늘어나고 있는 추세이다.

과메기덕장은 다른 덕장과 마찬가지로 통나무를 세우고 긴 꼬챙이에 꽁치 눈을 꿰어 오징어처럼 줄줄이 매다는데, 요즘에는 굴비 엮듯 줄에 엮어 말리는 경우가 더 많다. 황태와 마찬가지로 과메기는 얼었다 녹았다를 수없이 반복할수록 더 쫄깃쫄깃하고 고소한 맛을 낸다. 구룡포에서는 대체로 질 좋은 과메기로 배가 홀쭉하고 겉은 파란 윤기가 돌며 길쭉하게 생긴 것을 으뜸으로 친다. 포항에서는 구룡포항을 비롯해 죽도시장에서도 줄줄이 널린 과메기 두름을 만날 수 있다.

본래 과메기는 청어를 말려서 만들지만, 오늘날에는 꽁치가 흔하므로 대체로 청어 대신 꽁치를 쓴다.

이 땅에 깃든 내림문화, 지킴문화를 찾아서
솜씨마을 솜씨기행

2004년 4월 10일 초판 1쇄 찍음
2004년 4월 15일 초판 1쇄 펴냄

글쓴이 / 이용한
찍은이 / 안홍범
펴낸이 / 김영현
만든이 / 박문수, 정은영, 홍진, 신봉기
본문 디자인 / 홍희선
관리·영업 / 김경배, 김태일, 이용희

펴낸곳 / (주)실천문학
등록 10-1221호(1995.10.26)

(121-820) 서울시 마포구 망원1동 377-1 로얄프라자 601호
전화 322-2161~5, 팩스 322-2166
홈페이지 : www.silcheon.com

ⓒ 이용한·안홍범, 2004

ISBN 89-392-0480-8 03900